Jeanine et Jean GUION

CE2

APPRENDRE L'O.R.T.H.O GRAPHE

HATIER

Illustrations : Yves BEAUJARD et Sophie BEAUJARD

Mise en page : Jehanne Marie HUSSON

Couverture : Malte MARTIN

ISBN 2.218.**04294**-0

Présentation

Le manuel d'orthographe ORTH CE2 contient plus de **550 exercices** correspondant au programme qu'un élève de CE2 doit connaître. Il comprend **quatre grandes parties (O.R.T.H.)** et des **tests**.

O comme Observation

Ces exercices d'observation sont destinés à habituer l'élève à observer rigoureusement et à réfléchir sur la langue écrite. Il va apprendre à utiliser l'ordre alphabétique, convention nécessaire pour l'emploi des dictionnaires.

R comme Règles

Près de 450 exercices pour apprendre les règles d'orthographe. Soixante-six règles sont étudiées en CE2. Elles recouvrent les quatre grands domaines de l'orthographe :

- **l'usage** (avec l'apprentissage de quelque six cents **mots A SAVOIR** qui s'ajoutent aux quelque quatre cents mots fondamentaux déjà appris au CE1 avec le manuel ORTH) ;
- **les homophones grammaticaux** (a/à, son/sont, ce/se...) ;
- **les accords** en genre et en nombre ;
- les formes verbales, en particulier **la conjugaison**.

T comme Transfert... H comme Habileté

Des exercices de révisions (transfert des acquisitions) **et d'habileté linguistique** en fin d'apprentissage, en particulier des **dictées silencieuses** (textes à compléter) et des **dictées classiques** que l'enseignant donnera sous la forme qui lui paraît la mieux adaptée à sa classe.

Les tests

ORTH permet une évaluation suivie des résultats scolaires en orthographe, grâce à ses tests et à ses nombreuses possibilités de contrôle. **Deux tests figurent dans l'ouvrage.** Ils permettent d'évaluer le niveau de chaque élève en début d'année et de faire le bilan des notions acquises en fin d'année.

ORTH est d'un emploi très souple. Le professeur peut choisir l'ordre d'étude des règles selon les lacunes de ses élèves et sa progression pédagogique.

Étude des règles

Contenu d'une leçon

1. Tableau qui regroupe les informations pour bien comprendre une difficulté orthographique. La présentation visuelle aide la perception et la mémoire.

3. Mots à savoir à la fin du CE2. Liste établie d'après la fréquence et la difficulté des mots.

4. Exercices pour apprendre ces mots (exercices d'observation, recherche, classement, etc.).

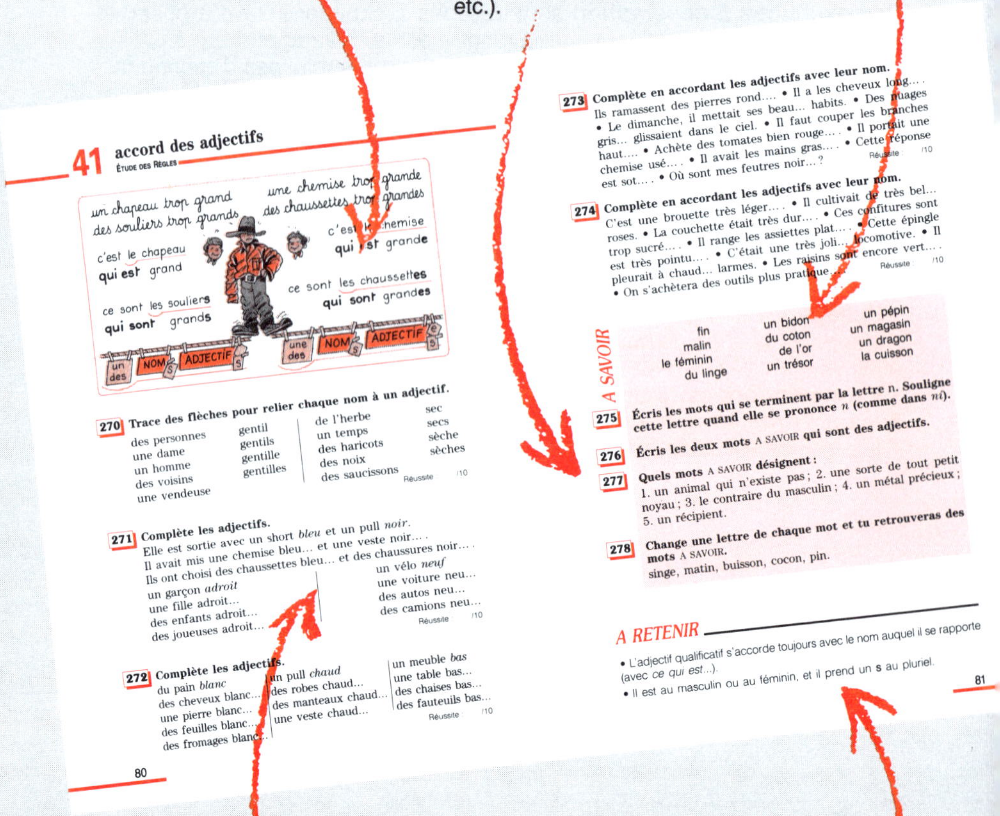

41 accord des adjectifs

ÉTUDE DES RÈGLES

270 **Trace des flèches pour relier chaque nom à un adjectif.**

des personnes / une dame / un homme / des voisins / une vendeuse — gentil / gentils / gentille / gentilles

de l'herbe / un temps / des haricots / des noix / des saucissons — sec / secs / sèche / sèches

Réussite /10

271 **Complète les adjectifs.**

Elle est sortie avec un short *bleu* et un pull *noir*.
Il avait mis une chemise bleu… et une veste noir… .
Ils ont choisi des chaussettes bleu… et des chaussures noir… .

un garçon *adroit* / une fille adroit… / des enfants adroit… / des joueuses adroit…

un vélo *neuf* / une voiture neu… / des autos neu… / des camions neu…

Réussite /10

272 **Complète les adjectifs.**

du pain *blanc* / des cheveux blanc… / une pierre blanc… / des feuilles blanc… / des fromages blanc…

un pull *chaud* / des robes chaud… / des manteaux chaud… / une veste chaud…

un meuble *bas* / une table bas… / des chaises bas… / des fauteuils bas…

Réussite /10

80

273 **Complète en accordant les adjectifs avec leur nom.**
Ils ramassent des pierres rond… . • Il a les cheveux long… . • Le dimanche, il mettait ses beau… habits. • Des nuages gris… glissaient dans le ciel. • Il faut couper les branches haut… . • Achète des tomates bien rouge… . • Il portait une chemise usé… . • Il avait les mains gras… . • Cette réponse est sot… . • Où sont mes feutres noir… ?

Réussite /10

274 **Complète en accordant les adjectifs avec leur nom.**
C'est une brouette très léger… . • Il cultivait de très bel… roses. • La couchette était très dur… . • Ces confitures sont trop sucré… . • Il range les assiettes plat… . • Cette épingle est très pointu… . • C'était une très joli… locomotive. • Il pleurait à chaud… larmes. • Les raisins sont encore vert… . • On s'achètera des outils plus pratique… .

Réussite /10

A SAVOIR

fin / malin / le féminin / du linge

un bidon / du coton / de l'or / un trésor

un pépin / un magasin / un dragon / la cuisson

275 **Écris les mots qui se terminent par la lettre** n. **Souligne cette lettre quand elle se prononce** *n* **(comme dans** *ni***).**

276 **Écris les deux mots** A SAVOIR **qui sont des adjectifs.**

277 **Quels mots** A SAVOIR **désignent :**
1. un animal qui n'existe pas ; 2. une sorte de tout petit noyau ; 3. le contraire du masculin ; 4. un métal précieux ; 5. un récipient.

278 **Change une lettre de chaque mot et tu retrouveras des mots** A SAVOIR.
singe, matin, buisson, cocon, pin.

A RETENIR

- L'adjectif qualificatif s'accorde toujours avec le nom auquel il se rapporte (avec *ce qui est*…).
- Il est au masculin ou au féminin, et il prend un **s** au pluriel.

81

5. Formulation de la règle présentée dans le tableau.

2. Exercices d'apprentissage systématique, avec notation possible pour permettre une évaluation continue des performances.

Conseils d'utilisation

• L'élève doit **observer attentivement** le tableau de la règle avant de faire ses exercices. Il doit ensuite apprendre à **exprimer ce qu'il comprend**. La rubrique **A RETENIR**, en fin de leçon, propose une formulation de la règle. Cette formulation peut également être élaborée en classe avec le professeur.

• Dans les exercices à trous, l'élève doit répondre en écrivant non seulement la réponse demandée, mais aussi **tout ce qui, dans la phrase, permet de comprendre la bonne réponse**. L'élève prend ainsi l'habitude de sélectionner les informations utiles qui expliquent les marques orthographiques.

• Dans les exercices portant sur les **mots A SAVOIR**, les réponses à trouver figurent dans la liste située juste au-dessus.

• Les règles sont présentées en cinq catégories. Pour un apprentissage progressif des différents types de difficultés de la langue française, vous pouvez étudier les leçons selon l'ordre suivant :

Règles **1**, **2**, **3**, **4**, **5**, **6**, **7**, **25**, **45**, **8**, **26**, **46**, **37**, **9**, **27**, **47**, **10**, **48**, **11**, **28**, **38**, **50**, **12**, **29**, **39**, **51**, **13**, **30**, **40**, **52**, **14**, **53**, **15**, **31**, **41**, **54**, **55**, **16**, **32**, **17**, **42**, **56**, **18**, **57**, **19**, **58**, **20**, **33**, **59**, **21**, **34**, **60**, **22**, **61**, **35**, **62**, **23**, **43**, **63**, **24**, **64**, **44**, **65**, **36**, **66**.

• **Remarques :**

– On peut estimer qu'un élève réussit un exercice systématique lorsqu'il obtient une réussite au moins égale à 90 %.

– Pour assurer la fiabilité de l'évaluation, les deux tests qui figurent dans ce livre ne sont pas corrigés.

Test de départ

Réponds à ces vingt questions sans dictionnaire et sans regarder dans le livre. Tu peux passer ce test en deux fois.

1. **Écris ces noms au pluriel.**
   une roue : des ...... un animal : des ......

2. **Complète par** on **ou par** om**.**
   un n...bre une r...de

3. **Complète par** et **ou par** est**.**
   Pierre aime la lecture ... le calcul.

4. **Que manque-t-il :** ail, eil, aille **ou** eille **?**
   une or...... un trav......

5. **Complète les mots par** s **ou** ss**.**
   Son voi...in a un ba...in avec des poi...ons.

6. **Accorde en ajoutant** e, s, es **ou** ent**.**
   Le premier coureur arriv... . Tous les gens applaudiss... .

7. **Copie cette phrase en séparant les mots.**
   Ellemadonnéunabricot. ....

8. **Écris ces verbes à la 3e personne du singulier du présent de l'indicatif.**
   écouter : en ce moment, il ....
   écrire : en ce moment, il ....

9. **Choisis entre** a **et** à **pour compléter.**
   L'enfant ... trouvé la cachette.

10. **Complète ces mots par** g, gu **ou** ge**.**
    un ma...asin un pi...on

11. **Conjugue** avoir une belle classe **et** être contents **à la première personne du pluriel du présent de l'indicatif.**
    Nous .... et nous ....

12. **Choisis entre** on **et** ont **pour compléter.**
    Tous les appartements ... un balcon.

13. Écris les verbes entre parenthèses à l'imparfait de l'indicatif.
L'an passé, elle (*venir*) souvent le jeudi et elle (*manger*) avec nous.
....

14. Les accents sur les e **ont été enlevés. Remets-les.**
Le lievre s'est cache dans les hautes herbes du pre.

15. Accorde les adjectifs.
Le clown portait une chemise vert... avec des étoiles doré... .

16. Il manque une lettre muette à ces mots. Ajoute-la.
un élève curieu... et bavar...

17. Il demande son chemin. **Écris cette phrase en mettant le verbe au passé composé.**
Hier, il ....

18. Accorde le participe passé.
Les bureaux sont fermé... le samedi.

19. Choisis entre ce **et** se **pour compléter.**
L'âne ... détacha et ... sauva.

20. Écris les verbes de cette phrase au futur.
Demain, nous (*aller*) chez mes grands-parents et je (*dormir*) dans le canapé.
....

Corrige ton test, entoure les numéros des questions où tu as tout juste. Souligne les autres en rouge.

1. R37, R38	**2.** R10	**3.** R25	**4.** R8	**5.** R12
6. R42	**7.** R4	**8.** R50, R51	**9.** R26	**10.** R13, R14
11. R48	**12.** R34	**13.** R55, R56	**14.** R16, R17	**15.** R41
16. R22	**17.** R61	**18.** R43	**19.** R30	**20.** R57, R58

Calcule ta note : **.../20** (1 point par question entièrement réussie).

Note les numéros des règles à apprendre en priorité. (Ce sont celles qui figurent à côté des numéros soulignés en rouge.)

Observation

Exercices de découverte

• Les exercices d'observation sont regroupés en **dix fiches** indépendantes. Elles sont présentées dans un ordre croissant de difficulté.

• A la fin de chaque fiche, une mention rappelle le barème de notation.

1 exercices de découverte
OBSERVATION

alphabet

voyelles	consonnes →
a	b c d
e	f g h
i	j k l m n
o	p q r s t
u	v w x
y	z

1 **Dans l'alphabet, compte :**

- le nombre de lettres : ......
- le nombre de voyelles : ......
- le nombre de consonnes : ......

2 **Écris la première lettre de l'alphabet :**
....
Écris la dernière lettre de l'alphabet :
....

début	a b c d e f g h
milieu	i j k l m n o p q r s t
fin	u v w x y z

3 **Est-ce** vrai **ou** faux ?

- **b** est au début de l'alphabet : vrai
- **m** est au milieu de l'alphabet : ......
- **x** est à la fin de l'alphabet : ......
- **c** est au milieu de l'alphabet : ......
- **p** est au début de l'alphabet : ......
- **e** est après **b** : ......
- **i** est après **l** : ......

4 **Écris ces lettres dans l'ordre de l'alphabet.**

b, a, d : a b d
s, r, p : ......
g, h, f : ......
n, i, m : ......
v, u, w : ......

15 réponses à trouver,
15 points à gagner !

alphabet →

a b c d
e f g h
i j k l m n
o p q r s t
u v w x
y z

1 **Est-ce** vrai **ou** faux **?**

- b est avant d : vrai
- h est après f : ...
- j est après l : ...
- p est avant h : ...
- v est après u : ...
- s est avant y : ...
- n est avant o : ...

2 **Trouve les trois cercles qui contiennent deux lettres différentes.**

f f — v v — k l — a a — x x

s z — y y — p p — z s — l l

3 **Dans l'ordre de l'alphabet, où écris-tu le mot** maison **? (Aide-toi de la première lettre de chaque mot.)**

- ...... jaune maison radis ......
- ...... bus ...... train ......
- ...... fenêtre ...... image ......
- ...... porte ...... savoir ......

4 **Voici des groupes de trois mots. Range-les dans l'ordre de l'alphabet.**

- machine - bras - force.
- vent - orage - montagne.
- papillon - violette - surprise.

15 réponses à trouver,
15 points à gagner !

3 exercices de découverte

OBSERVATION

ALPHABET

→

A	B	C	D		
1	2	3	4		
E	F	G	H		
5	6	7	8		
I	J	K	L	M	N
9	10	11	12	13	14
O	P	Q	R	S	T
15	16	17	18	19	20
U	V	W	X		
21	22	23	24		
Y	Z				
25	26				

1 **Est-ce** vrai **ou** faux ?

- C est entre B et D : *vrai*
- X est entre Y et Z : ...
- O est entre N et P : ...
- E est entre D et F : ...

2 **Quelle est la deuxième lettre ?** ...
Quelle est la douzième lettre ? ...
Quelle est la vingtième lettre ? ...

3 **Quel est le rang des lettres suivantes :**

- D → 4e
- G → ...
- O → ...
- R → ...

4 **Trouve les trois cercles qui contiennent deux lettres différentes.**

a A   f E   t T   h H   m N

r R   g G   b D   j J   l L

5 **Voici des groupes de noms de villes. Range-les dans l'ordre alphabétique.**

- PARIS - LYON - MARSEILLE
- NICE - GRENOBLE - LILLE
- TOULON - STRASBOURG - RENNES

15 réponses à trouver,
15 points à gagner !

Alphabet

A B C D
E F G H
I J K L M N
O P Q R S T
U V W X
Y Z

1 **Est-ce toujours la même lettre ? Réponds par** oui **ou par** non.

r *r* R *R*	D b *D* *d*
F *t* T t	S s *s* *S*
i *I* I i	*V* v V *u*

2 **Voici des groupes de prénoms. Range-les dans l'ordre alphabétique.**

- *Marlène, David, Akim*
- *Laure, Hervé, Isabelle*
- *Philippe, Samia, Régine*

3 **Voici un alphabet écrit avec différentes écritures. Il manque trois lettres. Trouve-les !**

A B c *d* e F g *H* j k l *n*
O P q r *S* t *v* w x *Y* z

4 **Enlève trois mots et tous les autres seront rangés dans l'ordre de l'alphabet.**

ami - bonbon - enfant - gros - sage - jupe - lait - couper - porte - rose - triste - mouche - usine - valise.

15 réponses à trouver,
15 points à gagner !

exercices de découverte

Observation

Comment ranger les mots par ordre alphabétique

Regarde la 1re lettre :

1. **a**. . . . .
2. **b**. . . . .

Si la 1re lettre est la même, tu regardes la 2e lettre :

1. a**b**ricot
2. a**d**roit

Si les lettres du début sont les mêmes, tu regardes la 1re lettre qui change :

1. an**g**e
2. an**i**mal

1. auto**b**us
2. auto**c**ar

1 **Dans chaque cadre, les mots sont-ils rangés dans l'ordre alphabétique ? Réponds par** oui **ou par** non.

1. ardoise 2. bureau	1. magasin 2. bazar	1. lièvre 2. tortue
1. pondre 2. œuf	1. école 2. domino	

2 **Sur chaque ligne, écris le mot** bouquet **à sa place, dans l'ordre alphabétique.**

- ...... grenouille ......
- ...... balcon ......
- ...... botte ......
- ...... boulanger ......

3 **Voici trois listes de mots. Écris-les dans l'ordre alphabétique.**

- abeille - arbre - aviateur - animal - aller.
- minute - merci - moteur - mars - moment.
- rosée - roulette - rond - roue - rondelle.

4 **Le robot n'a pas su réciter l'alphabet. Enlève les lettres qu'il a mises en trop.**

a b c d e f c g h i j k l m n

n o p q r s t u v l w x y z

15 réponses à trouver,
15 points à gagner !

1 **Quand tu utilises un dictionnaire, où cherches-tu ces mots ?**

Tu ne trouves pas à **f**.
Tu cherches à **ph**.

Tu ne trouves pas à **j**.
Tu cherches à … .

Tu ne trouves pas à **o**.
Tu cherches à … .

Tu ne trouves pas à **s**.
Tu cherches à … .

Tu ne trouves pas à **u**.
Tu cherches à … .

Tu ne trouves pas à **é**.
Tu cherches à … .

2 **Le robot est déréglé. Il écrit les mots avec une syllabe de trop ! Corrige ses erreurs.**

la limolinade - une locomocotive - une malamadie - un canapépé - du chocacholat.

3 **Le robot écrit n'importe quoi ! Remets les lettres dans l'ordre pour retrouver les cinq mots qu'il voulait écrire.**

l i t — o b n b o n — m i a r — t u d é e — f u l r e

15 réponses à trouver,
15 points à gagner !

7 exercices de découverte

OBSERVATION

1 **Quand tu utilises un dictionnaire, où cherches-tu ces mots ?**

Tu ne trouves pas à **i**.
Tu cherches à **h**.

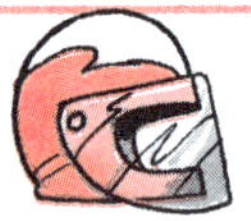

Tu ne trouves pas à **qu**.
Tu cherches à … .

Tu ne trouves pas à **en**.
Tu cherches à … .

Tu ne trouves pas à **s**.
Tu cherches à … .

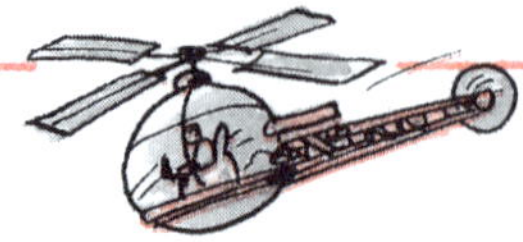

Tu ne trouves pas à **é**.
Tu cherches à … .

Tu ne trouves pas à **c**.
Tu cherches à … .

2 **Le robot est déréglé. Il écrit les mots avec une syllabe de trop ! Corrige ses erreurs.**

un amalnimal - la chemichenée - le jardijarnier - la marmimite - la matimanée.

3 **Le robot écrit n'importe quoi ! Remets les lettres dans l'ordre pour retrouver les cinq mots qu'il voulait écrire.**

o m o n t u

a v e s

a t c h

p o t e s

u t j e s

15 réponses à trouver,
15 points à gagner !

exercices de découverte 8

OBSERVATION

Pendant la leçon de conjugaison,
la maîtresse demande :
– Quand je dis : il pleuvra,
c'est quel temps ?
– Le mauvais temps, madame,
répond Christophe.

1 **Reconnais-tu ces mots ? Écris-les.**

leç... garç... maç... glaç... faç...

2 **Le robot a voulu écrire quatre mots de l'histoire, mais il a mélangé les syllabes. Retrouve ces mots.**

damame vaismau jusoncongai vrapleu

3 **Dans le petit texte du haut de la page, cherche trois mots qui représentent une personne. Écris-les.**

4 **Le robot s'est encore trompé. Il écrit ● au lieu de** a. **Corrige ses trois messages.**

- Je n'●i p●s de p●r●pluie.
- Il f●it m●uv●is ce m●tin.
- On ir● s'●briter d●ns l● c●b●ne.

15 réponses à trouver,
15 points à gagner !

9 exercices de découverte

Observation

– Maman, est-ce que je peux jouer du piano ? demande Corinne.
– Oui, mais il faut d'abord te laver les mains.
– Oh ! ce n'est pas la peine, je jouerai seulement sur les touches noires.

1 **Sur chaque ligne, retrouve un mot de l'histoire.**

- bouche - touche - couche - souche - louche.
- veine - peine - reine - Seine.
- poire - boire - Loire - foire - noire.

2 **Cinq de ces syllabes sont dans des mots de l'histoire. Trouve-les.**

pai - bro - por - rai - moi - pie -
noi - roi - tou - pei - ton - jou.

3 **Choisis chaque fois le bon mot pour compléter.**

blanc ou *noires* ?	des touches ......
propres ou *sale* ?	des mains ......
blanc ou *noire* ?	un piano ......

4 **Le robot a trouvé des verbes. Quels sont ceux qu'il a pris dans le texte ?**

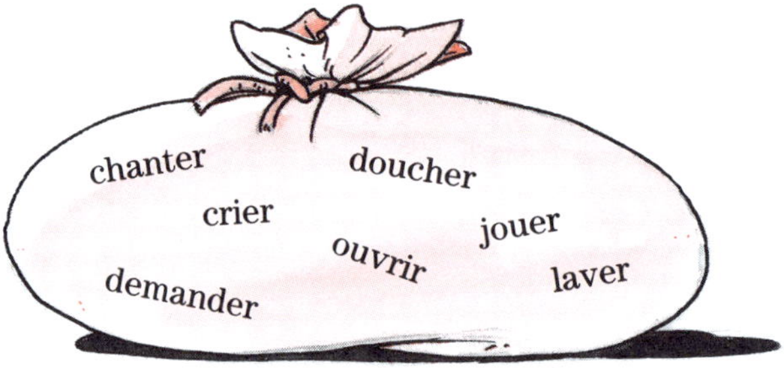

15 réponses à trouver, 15 points à gagner !

C'est la leçon de calcul.
Le maître demande :
– Antoine ! Si tu as deux poissons dans ton assiette et si tu en manges deux, que reste-t-il ?
– Les arêtes, monsieur.

1 **Voici des mots.**
Cherche ceux qui sont dans l'histoire.

poison - maire - ton - poissons - thon -
maître - mètre - mettre.

2 **Cinq de ces syllabes sont dans des mots de l'histoire.**
Trouve-les.

ser - mau - nou - man - lac - mon - toi -
boi - beu - cal - pio - res - cla - foi.

3 **Cherche dans le texte qui est en haut de cette page :**

1. le mot qui a deux **t** ;
2. les mots qui contiennent **an** ;
3. les mots qui ont deux **s**.

4 **Complète par le singulier ou par le pluriel.**

le maître	→	les ......
un	→	deux poissons
l'arête	→	les ......
la leçon	→	les ......

15 réponses à trouver
15 points à gagner !

Règles

Règles d'orthographe

• Les règles étudiées regroupent :
– les notions de base
– l'orthographe d'usage
– les homophones grammaticaux
– les accords en genre et en nombre
– les formes verbales.

• La plupart des exercices demandent cinq ou dix réponses pour faciliter l'évaluation et le calcul d'une note.

• Les mots **A SAVOIR** sont répartis tout au long des leçons. Ils sont toujours accompagnés d'exercices spécifiques pour les apprendre.

1 le groupe du nom

Étude des Règles

1 **Classe ces mots en quatre groupes suivant qu'ils représentent une personne, un animal, une chose ou une idée.**

une grenouille, une dent, un pêcheur, un disque, un tabouret, un vase, un corbeau, une vipère, un instrument, la force.

Réussite : /10

2 **Recopie seulement les noms en ajoutant** un **ou** une.

film, soupière, mélanger, sacoche, écharpe, donner, partout, plat, vivre, joue, diriger, langue, nid, nappe, utile, sardine.

Réussite : /10

3 **Dessine** « une cuillère » **sous chaque groupe du nom.**

Ex. : C'est mon gros chat noir.

Le train part dans une minute. • Mets un pantalon propre. • Je n'ai pas ce joli timbre dans ma collection. • Chez ma grand-mère, c'est le coq qui me réveille le matin. • J'ai aidé ce vieux monsieur à traverser la rue.

Réussite : /10

A RETENIR

Le **groupe du nom** est formé d'un petit mot (*un, une, le, la, des, mon, ma, mes...*) suivi d'un nom.

Le **nom** est un mot qui désigne une personne, un animal ou une chose. Il peut être accompagné d'un adjectif qualificatif.

4 **Relève les verbes de la liste suivante.**
laver, sottise, saluer, féminin, moudre, respirer, radis, tenir, jaune, continuer, odeur, bas, avertir, jurer, gauche, porter, savoir. Réussite : /10

5 **Souligne les verbes des phrases suivantes.**
Maman garde le bébé de la voisine. • Montre-moi cette photo. • Je recouds un bouton. • Ne triche pas au jeu. • Il veut une pomme. • Si tu cries, les oiseaux s'envoleront. • Elle viendra tout à l'heure. • Il va mieux. • Les élèves prennent leur ardoise. Réussite : /10

6 **Souligne les verbes des phrases suivantes.**
Je ferme la porte. • Le train arrive en gare. • Le match commencera à six heures. • Tu dis souvent des sottises. • On trouve des jeux intéressants dans ce magasin. • Grand-mère conduit trop vite. • Regarde de chaque côté, puis traverse. • Écoutons cette chanson. • Il joue du piano. Réussite : /10

A RETENIR

Le **verbe** est un mot qui indique en général ce que l'on fait : *rire, bondir, s'envoler...*

Il peut se conjuguer : *je ris, tu ris, il rit, nous rions...*

A SAVOIR

une fée	un nid	une idée
la purée	un regard	une entrée
la durée	un canard	la chicorée
la rosée	un renard	

7 **Copie les noms masculins. Souligne la dernière lettre. Que remarques-tu ?**

8 **Copie les noms féminins. Souligne la dernière lettre. Que remarques-tu ?**

9 **Trouve le mot le plus long. Écris-le.**

10 **Complète ces phrases par des mots** A SAVOIR.
La cane est la femelle du … . • Le renardeau est le petit du … . • J'aime la … de pommes de terre. • Le coucou pond ses œufs dans le … des autres. • Il a eu une bonne … .

11 **Change une lettre au mot** purée **et tu trouveras un autre mot** A SAVOIR.

A SAVOIR

recouper	repartir	valoir
recopier	redevenir	savoir
reprendre	repasser	vouloir
recoudre	reproduire	pouvoir

12 **Écris les verbes qui commencent par** re-. **Écris ensuite les verbes que tu trouves si tu enlèves** re-.

13 **Classe les verbes** A SAVOIR **suivant leur terminaison : verbes en** -er ; **verbes en** -ir ; **verbes en** -dre ; **verbes en** -uire ; **verbes en** -oir.

14 **Quel verbe correspond à ce que fait chacune de ces personnes ?**
la couturière - la repasseuse - l'élève - le car.

15 **Trouve, puis écris :**
- les deux mots qui ont deux fois la lettre **o**.
- les deux mots qui ont la syllabe **cou**.
- les deux mots qui ont un **l**.

16 **Relève les adjectifs de la liste suivante.**
écrire, sot, peureux, docteur, fort, papier, adroit, bleu, épine, plonger, dur, chaud, douloureux, répondre, sportif, vieux.

Réussite : /10

17 **Souligne les adjectifs des phrases suivantes.**
Il fait un temps magnifique. • Ce virage est dangereux. • C'est un outil très pratique. • Il est fou ! • Connais-tu la belle histoire du vilain petit canard ? • Je voudrais un vélo neuf. • Ils ont un chat noir à poils longs.

Réussite : /10

18 **Souligne les adjectifs des phrases suivantes.**
Ce jambon est trop gras. • L'herbe est haute. • Éric est le plus jeune des deux. • L'avion était invisible dans le ciel. • Il souffre d'une grave blessure. • Tu es légère comme une plume ! • Bébé a la peau douce. • Attention à ce vase : il est fragile ! • Ma grande sœur est frileuse.

Réussite : /10

A RETENIR

L'**adjectif** est un mot qui accompagne le nom. Il dit *comment est* une personne, un animal ou une chose : elle est *grande*, il est *long*.

19 **Cherche les réponses dans la liste de droite.**

Qui est-ce ?	Réponses
Anne **le** regarde grignoter une carotte.	les maçons
Les enfants **la** voient s'arrêter.	le lapin
Maman **les** presse pour faire un jus.	sa laisse
Marc **les** regarde construire un mur.	ses cheveux
Le chien **l'**a perdue.	les oranges
On **l'**étend sur des fils.	la voiture
Papa **l'**a remonté pour qu'il sonne.	le linge
Christophe **les** appelle pour jouer.	sa mère
Magali se **les** brosse chaque jour.	le réveil
Alice **l'**aide à mettre le couvert.	ses copains

Réussite : /10

20 **Recopie ces phrases en séparant les mots.**
Ellemaprêtéundisque. • Vousmavezfaitpeur. • Ilmaachetéunlivre. • Onsamusebien. • Onsecouelepoirier. • Jelaivu. • Ilsendortvite. • Ellesarrachentdesradis. • Ellelècheuneglace. • Lepaysanlabouresonchamp. Réussite : /10

A RETENIR

Quand on écrit, les phrases se coupent en mots.

Le **pronom** est un mot qui remplace un groupe du nom. Il faut toujours penser au nom qu'il représente.

A SAVOIR

vif	un adjectif	double
le chef	visible	confortable
neuf	invisible	formidable
un motif		

21 **Écris ces mots dans l'ordre alphabétique.**

22 **Quels mots ont un** e **qui se prononce comme** è **?**

23 **Dans les mots** A SAVOIR, **trouve le contraire de :**
usé, visible, simple.

24 **Trouve, puis écris :**
- les mots qui se terminent par la lettre **f**.
- les mots qui ont la lettre **o**.
- les trois mots qui sont des noms.

25 **Dans ces expressions, quels mots** A SAVOIR **peuvent remplacer ce qui est en italique (lettres penchées) ?**
un fauteuil *où l'on est bien assis*. • un regard *brillant*. • un tapis avec de grands *dessins*. • La lune a une face cachée et une face *qui peut être vue*. • C'est *la personne qui commande*.

A SAVOIR

une bille	une pastille	la vanille
une cheville	juillet	un papillon
une chenille	une grenouille	

26 **Trouve, puis écris :**
- le mot qui ne contient pas le son *i*.
- le mot que tu obtiens si tu changes une lettre à **chenille**.
- les mots qui se terminent comme **fille**.

27 **Quel groupe de trois lettres trouves-tu dans tous ces mots** A SAVOIR **?**

28 **Trouve les mots** A SAVOIR **qui désignent :**
1. un animal qui saute. • 2. une sorte de bonbon. • 3. un mois. • 4. une partie du corps. • 5. un animal qui rampe.

5 individualisation des mots avec la négation

ÉTUDE DES RÈGLES

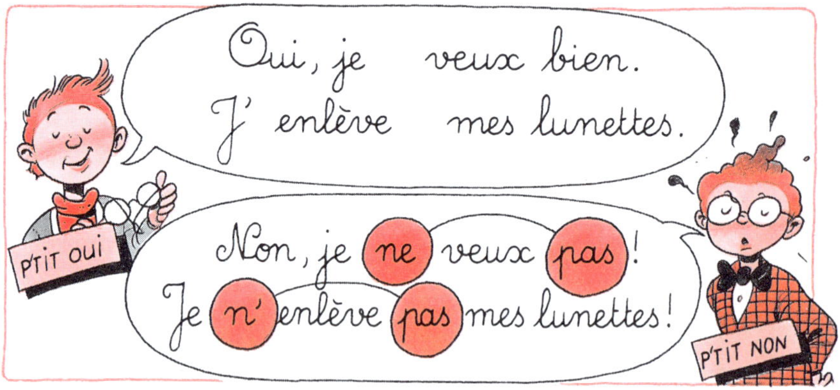

29 **Voici des phrases de « P'tit Oui ». Fais-les dire à « P'tit Non ».**

Ex. : P'tit Oui : – J'enlève mes lunettes.

P'tit Non : – Je n'enlève pas mes lunettes.

Je prends mon écharpe. • L'oiseau s'échappe de sa cage. • La fermière enferme ses poules. • On apporte ses jouets à l'école. • J'échange une image contre deux billes. • Tu ouvres la porte. • Papa achètera le pain. • Tu utilises tes crayons ? • J'aime les bananes. • J'ai beaucoup d'amis.

Réussite : /10

30 **Recopie ces phrases en séparant les mots.**

Ilnevientpas. • Ellenestpaslà. • Ilnepleutplus. • Tunécoutespas. • La tortuenestpasrapide. • Ellenoubliepassatartine. • Jenaipasfini. • Ilnestpastombé. • Vousnaimezpaslefromage. • Jenaipasdixans.

Réussite : /10

31 **Recopie les phrases qui ont une négation.**

Margaux n'est pas sotte. • Julien mange peu. • Je n'ai plus de craie. • Il ne veut rien. • Mon dessin est bientôt terminé. • Mon frère n'a jamais froid. • Le voyage sera long. • On ne grandit pas vite.

Réussite : /10

A RETENIR

La **négation** est formée de deux mots : **ne** et **pas** (ou : *ne ... plus, ne ... jamais, ne ... rien*).

Attention : **ne** devient **n'** avant une voyelle : *je n'enlève pas.*

32 **Voici des phrases qui posent des questions. Fais-les dire à « P'tit Oui ».**

Ex. : – Ira-t-elle à l'école ?

P'tit Oui : – Elle ira à l'école.

Avez-vous déjeuné ? • Veux-tu des feutres ? • Porte-t-il un chapeau ? • Aime-t-elle les frites ? • Marquera-t-on un but ? • Mettrons-nous une veste ? • Choisira-t-il ce métier ? • A-t-elle une sœur ? • Apprend-on cette leçon ? • Est-elle contente ?

Réussite : /10

33 **Recopie ces phrases en séparant les mots. Pense bien au trait d'union.**

Ex. : Iratelleàlécole ? ⟶ Ira-t-elle à l'école ?

Irastuàlafête ? • Combienavezvousdefrères ? • Atiluneauto ? • Cecouteaucoupetil ? • Pilotetilunavion ? • Soulèverezvouscesac ? • Sortiratellebientôt ? • Estellejolie ? • Parlentilsenclasse ? • Estugrand ?

Réussite : /10

A RETENIR

Quand une phrase exprime une **question**, les mots peuvent changer de place. Il faut toujours chercher la phrase simple qui correspond.

Ira-t-elle ? correspond à : *Elle ira.*

Vient-il ? correspond à : *Il vient.*

A SAVOIR

une brouette — un cornet — un billet
des lunettes — un robinet — une violette
une maisonnette — un brochet — un carnet
une mouette — une pochette

34 **Observe bien la fin des mots, puis classe-les en deux groupes. Que remarques-tu ?**

35 **Trouve, puis écris :**
- le mot qui est au pluriel.
- le mot qui contient *poche*.
- le mot qui contient *maison*.

36 **Quel mot** A SAVOIR **désigne :**
1. une fleur • 2. un appareil qu'on peut ouvrir ou fermer • 3. un oiseau • 4. un poisson • 5. une petite maison.

37 **Trouve les mots** A SAVOIR **qui vont avec ces mots :**
une pelle, un stylo, un évier, un portefeuille, une glace (à la fraise).

A SAVOIR

le pain — mademoiselle — une semelle
le train — belle — une échelle
un bain — une ruelle — une chapelle
demain — une rondelle

38 **Copie les mots** A SAVOIR **en deux groupes :**
1. mots terminés par **-ain** ; 2. mots terminés par **-elle**.

39 **Combien de lettres a le mot le plus long ? Écris-le en le coupant en syllabes.**

40 **Trouve, puis écris :**
- le mot qui contient le mot *rond*.
- le mot qui contient le mot *rue*.

41 **Quels mots** A SAVOIR **correspondent à ces définitions ?**
1. Elle a des barreaux. • 2. Elle est sous la chaussure. • 3. Il a des wagons. • 4. Elle est très étroite. • 5. C'est une sorte de petite église.

42 **Choisis entre** in **et** ien.

le mat... , un ch... , un magas... , un dess... , anc..., c'est b... , des pép...s, un chem... , un magic... , un jard... .

Réussite : /10

43 **Choisis entre** in **et** ien.

un music... , le t... , du rais... , un coméd... , un bass... , mascul... , fémin... , un chirurg... , un moul... , un requ... .

Réussite : /10

44 **Choisis entre** ein **et** ien.

Le fr... de mon vélo est cassé. • Le gard... de l'immeuble est absent. • Ce manteau est le m... . • Mon réservoir est pl... . • Il a mal aux r...s. • Comb... en voulez-vous ? • Ét...s la lumière. • Non, je ne veux r... . • Est-ce qu'elle v...dra ? • Papa et maman vont rep...dre la cuisine.

Réussite : /10

A SAVOIR

rien	une brioche	bien
le mien	une pioche	le gardien
une division	piocher	de la viande
une réunion		

45 **Dans quels mots** A SAVOIR **trouves-tu** ion **ou** ien ?

46 **Quels mots** A SAVOIR **désignent :**

1. un outil • 2. un aliment qui vient d'un animal • 3. un gâteau • 4. une opération • 5. une personne.

8 ail, eil, euil / aill, eill, euill, ouill

ÉTUDE DES RÈGLES

47 **Écris ces mots en ajoutant** un **ou** une**.**

portail, appareil, écureuil, caille, oreille, grenouille, conseil, maille, fauteuil, feuille. Réussite : /10

48 **Complète par** -ail **ou** -aille**,** -eil **ou** -eille**.**

une ab... , le sol... , la bat... , une corb... , de la p... , une éc... , une bout... , un rév... , une merv... , un trav... .

Réussite : /10

49 **Complète par** -il **ou** -ille**.**

une méda... , des nou...s, une feu... , les ra...s, de la rou... , je trava... , des tena...s, il se mou... , un chevreu... , il se réve... . Réussite : /10

A RETENIR

- **ail, eil, euil, ouil** se rencontrent à la fin des mots masculins : *un portail.*
- **aille, eille, euille, ouille** se rencontrent :
  – à la fin de noms féminins : *une corbeille, une feuille* ;
  – à la fin de verbes : *il travaille.*
- A l'intérieur d'un mot, on écrit toujours **aill, eill, euill, ouill** : *le feui**ll**age, il trava**ill**ait.*

50 **Complète par** ay, oy **ou** uy.

Sais-tu bal...er ? • Le chien a ab...é. • Elle va te l'env...er. • Ils ont p...é leur l...er. • Il est au cours m...en. • Cet article est au r...on droguerie. • Nett...ons le garage ! • Ess...ons la poussière. • C'est un cr...on de couleur. Réussite : /10

51 **Complète par** ay, oy **ou** uy.

Tu vas t'enn...er. • Le feu brûle dans le f...er de la cheminée. • Il a app...é l'échelle contre le mur. • Il v...age beaucoup. • C'est une empl...ée des postes. • Maman va ess...er une robe. • C'est une rue br...ante. • J'ai tricoté un pull à r...ures. • Michel est toujours j...eux. • Il est de taille m...enne. Réussite : /10

A SAVOIR

le ciel	loin	un voyage
du miel	le foin	un voyageur
le pluriel	un point	une pointe

52 **Voici des groupes de lettres :** ion, ay, iel, oy, eil, oin. **Quels sont ceux qui sont dans les mots** A SAVOIR **?**

53 **Écris deux par deux les mots qui vont ensemble.**

le ciel - le pluriel - l'abeille - le singulier - la paille - près - la terre - loin - le miel - le foin.

10 m avant m, b, p
ÉTUDE DES RÈGLES

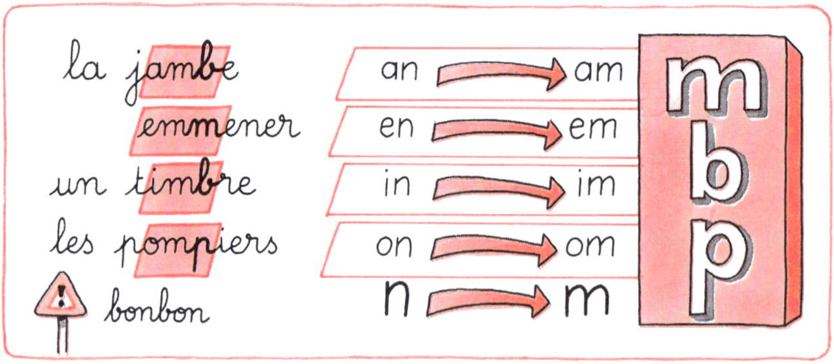

54 **Complète par** an, on, in **ou par** am, om, im.
un ...perméable, un t...bour, une f...taine, s...bre, la gr...deur, un c...pagnon, ...juste, gr...per, la c...duite, une r...pe.

Réussite : /10

55 **Complète par** en, on, in, **ou par** em, om, im.
...suite, ...possible, une m...tre, t...ber, ...porter, le d...tiste, un b...bon, ...core, un c...pliment, l'...parfait.

Réussite : /10

A SAVOIR

un nombre	une pompe	une trompe
sombre	pomper	une jambe
décembre	des larmes	un film
une tombe	un timbre	une forme

56 **Écris ces mots en deux groupes :**
1. mots où la lettre m **correspond au son** *m*.
2. mots où la lettre m **« se marie » avec une voyelle.**

57 **Quels mots** A SAVOIR **correspondent à ces verbes ?**
former, pomper, tromper, assombrir, timbrer, filmer.

A RETENIR

Avant les lettres **m**, **b**, **p**, on écrit un **m** à la place d'un **n**.

58 **Complète par** s **ou** x.

un bo...eur, di...cuter, un ta...i, ju...qu'à ce soir, une école mi...te, lu...ueux, un di...que, un ma...que, à pro...imité, des fi...ations de ski.

Réussite : /10

59 **Complète par** es **ou** ex.

un ...calier, ...pliquer, une ...trade, un ...cargot, une ...position, un ...cabeau, l'...térieur, un ...emple, l'...pace, l'...tomac.

Réussite : /10

60 **Complète par** s, x, es **ou** ex.

une ...plosion, une ...calade, di...tribuer, des ...cuses, pr...que là, un in...pecteur, l'...poir, un ca...que, fi...ement, une ...plication.

Réussite : /10

A SAVOIR

une abeille	une bouteille	une muraille
l'oreille	une merveille	la taille
une corbeille	de la paille	une écaille
le soleil	une feuille	la bataille

61 **Recopie les mots qui se terminent par** aille.

62 **Écris les mots** A SAVOIR **par ordre alphabétique.**

63 **Complète par** s **ou** ss **selon que tu as le son** *z* **ou le son** *s*.

une bro...e, repa...er, un tré...or, le pa...é, une égli...e, une ardoi...e, une écrevi...e, de...iner, une sauci...e, une cho...e.

Réussite : /10

64 **Complète par** s **ou** ss. **Observe bien la lettre qui est juste avant et celle qui est juste après les points.**

des tre...es, une ve...te, c'est u...é, une divi...ion, un in...ecte, un ba...in, la maître...e, une blou...e, en...uite, au...i.

Réussite : /10

65 **Complète par** s **ou** ss.

une lettre maju...cule ; la viande est gra...e ; traver...ons la rue ; attendre tri...tement ; une sai...on pluvieu...e ; une me...e de mariage ; une cui...on in...uffisante ; une table ba...e.

Réussite : /10

A RETENIR

• Le son *s* s'écrit avec **deux s** s'il y a une voyelle juste avant et une voyelle juste après : *une poussette*.
S'il n'est pas entre deux voyelles, un seul **s** suffit : *la poste*.

• Le son *z* s'écrit très souvent avec la lettre **s** : *un vase*.

ga garder
go une gomme
gu la figure

ca un carnet
co une corde
cu la cuisine

66 **Complète par** g **ou** gu.

un lé...ume, la lan...e, un ma...asin, des va...es, une ba...e, le re...ard, conju...er, une vir...ule, une ba...ette, la lon...eur. Réussite : /10

67 **Complète par** c **ou** qu.

un cir...e, un pi...et, une é...urie, le dire...teur, en...ore, une ra...ette, de la chi...orée, fabri...er, un ...adre, un li...ide. Réussite : /10

68 **Complète par** g **ou** gu, c **ou** qu.

à ...auche ; elle est fati...ée ; c'est au sin...ulier ; un œuf à la co...e ; prendre des ris...es ; un ...roupe d'enfants ; cha...un à sa place ; se...ouer ses plumes ; distin...er un oiseau ; aller à la ban...e. Réussite : /10

A RETENIR

• Pour avoir le son *g* de *gare*, on écrit **g** avant **a**, **o**, **u** (*garder, gomme, figure*) et **gu** avant **e** et **i** (*longue, guirlande*).

• Pour avoir le son *k* de *cave*, on écrit **c** avant **a**, **o**, **u** (*carnet, corde, cuisine*) et **qu** avant **e** et **i** (*bouquet, requin*).

A SAVOIR

une brosse
brosser
un dessin
dessiner

de la choucroute
une écrevisse
un bassin

le passé
passer
tirer

69 **Écris les mots qui ont** deux s.

70 **Écris les noms** A SAVOIR **en deux groupes :**
1. ceux qui sont féminins ; 2. ceux qui sont masculins.

71 **Écris les mots** A SAVOIR **qui ont un** r **que l'on prononce.**

72 **Quel verbe correspond à chacun de ces noms ?**
une brosse, le passé, un dessin, le tir.

73 **Complète ces expressions par des mots** A SAVOIR.
un verbe au … composé • manger de la … • une … à chaussures • être rouge comme une … • le grand … de la piscine.

A SAVOIR

une banque
une plaque
une vague
une boutique

conjuguer
longue
une langue
se moquer

un liquide
pratique
une barque
un disque

74 **Copie ces mots en deux groupes :**
1. ceux avec qu **; 2. ceux avec** gu.

75 **Écris les mots** A SAVOIR **:**
1. qui sont des verbes ; 2. qui sont des adjectifs.

76 **Complète par des mots** A SAVOIR.
Le lait est un … . • La … s'est retournée à cause des … . • La queue du rat est … . • On a besoin de sa … pour parler.

77 **Remplace les mots en italique (penchés) par des mots** A SAVOIR.
une *tablette* de chocolat • un *magasin* de vêtements • un outil *utile et facile à utiliser* • *rire* de son voisin • *réciter la conjugaison de* ce verbe.

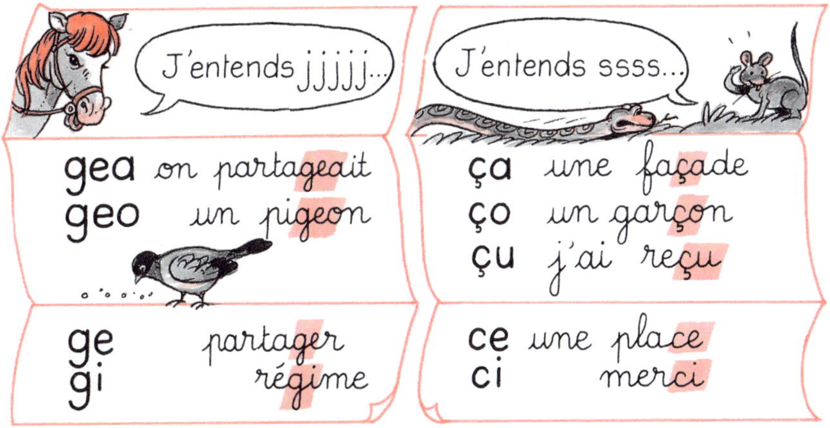

78 **Complète par** g **ou** ge.

une ...erbe de fleurs ; un ré...ime sans sel ; il voya...ait souvent ; un repas lé...er ; je l'entends ru...ir ; une bête sauva...e ; de l'oran...ade ; on man...ait des crêpes ; un ver...er bien entretenu ; un plon...on. Réussite : /10

79 **Complète par** c **ou** ç.

une grande piè...e ; effa...er le tableau ; une ré...itation très longue ; une le...on à apprendre ; la fa...ade de la maison ; voi...i l'hiver ; un ma...on adroit ; un exer...ice fa...ile ; être dé...u par une mauvaise note. Réussite : /10

80 **Complète par** g **ou** ge, c **ou** ç.

un rempla...ant ; un temps chan...ant ; une sor...ière ; un lima...on ; un travail ur...ent ; des bour...ons ; c'est le ...inquième ; le rin...age du linge ; un pi...on ; l'hame...on. Réussite : /10

A RETENIR

- Pour que la lettre **g** ait le même son que **j**, on ajoute un **e** et on écrit **ge** avant **a**, **o**, **u** : *on partageait, un pigeon.*
- Pour que la lettre **c** ait le même son que **s**, on ajoute une cédille et on écrit **ç** avant **a**, **o**, **u** : *une façade, un garçon, reçu.*

15 le découpage en syllabes

ÉTUDE DES RÈGLES

81 **Voici des mots découpés en syllabes. Copie-les en attachant les syllabes.**

ba-var-der ; do-mes-ti-que ; un cir-que ; un bas-sin ; un pa-nier ; un bal-con ; une pier-re ; une ba-vet-te ; l'a-via-tion ; la res-pi-ra-tion.

Réussite : /10

82 **Coupe les mots suivants en syllabes.**

chaudement ; la grammaire ; une couchette ; janvier ; perdu ; une brosse ; un briquet ; un cornet ; un veston ; la cuisson.

Réussite : /10

83 **Comment pourrais-tu couper les mots suivants en fin de ligne ?**

un camarade ; un bazar ; des bottines ; une asperge ; un castor ; reprendre ; une gomme ; du trèfle ; une échelle ; un laboureur.

Réussite : /10

A RETENIR

Les mots peuvent se couper en syllabes : *a-ni-mal, in-ter-dit.*

Lorsqu'un mot a une consonne double, on coupe en syllabes entre les deux consonnes : *chas-ser.*

Si un mot ne tient pas à la fin d'une ligne, on le coupe entre deux syllabes.

A SAVOIR

un gilet	une girafe	le genre
le gibier	domestique	une leçon
un garçon	un régime	le cirque
merci	rugir	une gerbe

84 **Copie les mots en deux groupes : 1. les mots avec** g **qui se prononce comme** j **; 2. les mots avec** c **qui se prononce comme** s.

85 **Dans les mots que tu as écrits dans l'exercice 84, souligne les lettres qui viennent juste après** g **et juste après** c.

86 **Quels mots** A SAVOIR **ont** ç **? Souligne les lettres qui viennent juste après** ç.

87 **Quels mots** A SAVOIR **ont un** e **qui se prononce comme** è **?**

88 **Quels mots** A SAVOIR **désignent :**

1. l'ensemble des animaux que l'on chasse • 2. un vêtement sans manches • 3. le masculin ou le féminin • 4. ce qu'on apprend • 5. un très gros bouquet de fleurs.

A SAVOIR

un merle	perdu	une estrade
mercredi	la perte	une perche
un insecte	un spectateur	un castor
un inspecteur	un escalier	une asperge

89 **Écris les mots** A SAVOIR **en les découpant en syllabes.**

90 **Quels mots commencent par les trois mêmes lettres ?**

91 **Quels mots** A SAVOIR **désignent :**

1. un animal à quatre pattes • 2. un animal à deux pattes • 3. un poisson ou un long morceau de bois très mince • 4. un jour de la semaine • 5. un légume.

92 **Comment appelle-t-on :**

1. un animal qui a six pattes ? • 2. une personne qui assiste à un spectacle ? • 3. Celui qui vérifie ce que les autres ont fait ? • 4. un plancher plus haut que le sol ? • 5. une suite de marches ?

16 les accents (é, è, ê)

ÉTUDE DES RÈGLES

93 **Recopie les mots suivants en mettant les accents aigus (é) ou graves (è).**

ecouter ; une epicerie ; les levres ; des etoiles ; un probleme ; une reponse ; une idee ; une vipere ; ecrire ; une soupiere.

Réussite : /10

94 **Recopie les mots suivants en mettant les accents aigus (é) ou circonflexes (ê).**

une peche ; une echarpe ; de la fumee ; la fenetre ; un pieton ; un pecheur ; un ecriteau ; beler ; une reunion ; une arete.

Réussite : /10

95 **Recopie les mots suivants en mettant dix accents aigus (é) ou graves (è).**

la rosee ; de la puree ; un siege ; le cours elementaire ; un piege ; la memoire ; un chien fidele ; la riviere ; une matiere importante.

Réussite : /10

A RETENIR

Les accents sur le **e** montrent comment on prononce cette lettre.

– Il y a l'accent aigu (**é**) pour prononcer le **é** de *féminin*.

– Il y a l'accent grave (**è**) pour prononcer le **è** de *frère*, et l'accent circonflexe (**ê**), comme dans *fête*.

96 **Voici des mots écrits en syllabes. Copie-les en attachant les syllabes et en remettant les accents, si c'est nécessaire.**

un ad-jec-tif ; une pie-ce ; une ron-del-le ; c'est mo-der-ne ; un lie-vre ; fer-mer ; des lu-net-tes ; les spec-ta-teurs ; du tre-fle ; tra-ver-ser.

Réussite : /10

97 **Voici des mots écrits en syllabes. Copie-les en attachant les syllabes et en remettant les accents, si c'est nécessaire.**

des vio-let-tes ; une sor-cie-re ; une cou-ver-ture ; le pe-re et la me-re ; pres-que ; a-vec ; mer-ci ; le troi-sie-me ; une che-vre.

Réussite : /10

98 **Complète par** è **ou** e.

mademois…lle ; enf…rmer ; un z…bre ; une mou…tte ; mon fr…re ; d…rri…re ; une figue s…che ; des sem…lles ; un ch…f ; les l…vres.

Réussite : /10

A RETENIR

Il y a un accent seulement si le **e** est à la fin de la syllabe : *pè-re*.

Quand un **e** qui se prononce *è* n'est pas à la fin de la syllabe, il n'a pas d'accent : *per-le*.

A SAVOIR

un siège	un légume	une fenêtre
un lièvre	une écharpe	une arête
une bête	une réponse	une pièce
bêler	un piéton	un piège

99 **Écris ces mots en trois groupes : 1. ceux qui ont** é **; 2. ceux qui ont** è **; 3. ceux qui ont** ê**.**

100 **Trouve les mots qui ont les deux lettres** iè**. Écris-les.**

101 **Parmi ces mots, quels sont ceux qui sont dans la liste des mots** A SAVOIR **?**
léger - une arête - un signe - une bête - un piéton - une fête - les lèvres - une écharpe - une crête - un piège.

102 **A quel mot** A SAVOIR **te fait penser chacun de ces mots ?**
un lapin, une salle, un foulard, une chaise, un animal.

103 **A quels mots** A SAVOIR **correspondent ces définitions ?**
1. Ouverture dans un mur. • 2. Il marche. • 3. Os de poisson.

A SAVOIR

fermer	moderne	de l'herbe
enfermer	un verger	superbe
du trèfle	les lèvres	une vipère
fidèle	le frère	un problème

104 **Écris les mots** A SAVOIR **en les découpant en syllabes.**
Ex. : fermer ⟶ fer-mer.

105 **Copie les mots** A SAVOIR **qui contiennent un** è**.**

106 **Dans quels mots** A SAVOIR **le son** *è* **(de** mère**) s'écrit-il avec un** e **sans accent ?**

107 **Écris ces mots deux par deux en regroupant ceux qui vont ensemble.**
le frère, fermer, un serpent, les lèvres, de l'herbe, la bouche, la sœur, enfermer, une vipère, du trèfle.

108 **A quels mots** A SAVOIR **correspondent ces définitions ?**
1. Plantation d'arbres fruitiers. • 2. Qui ne change pas de maître. • 3. Très beau.

noms terminés par -eur

ÉTUDE DES RÈGLES **18**

109 **Écris les mots suivants en ajoutant** le **ou** la.
sueur, spectateur, largeur, directeur, facteur, chaleur, peur, douleur, visiteur, promeneur. Réussite : /10

110 **Complète les noms suivants en t'aidant du tableau ci-dessus.**
un vol... , une fl... , un voyag... , un chass... , une lu... , ma s... , une longu... , la blanch... , du b... , une coul... . Réussite : /10

111 **Complète les noms suivants en t'aidant du tableau ci-dessus.**
la val... , une od... , le c... , un vend... , un min... , la douc... , une dem... , la profond... , une h... , la fraîch... . Réussite : /10

A RETENIR

Tous les noms terminés par le son *eur* s'écrivent **e.u.r** : *le chanteur, la chaleur*. Sauf : *une heure, une demeure, le beurre.*

Deux mots s'écrivent **œur** : *ma sœur, le cœur.*

19 noms terminés par -ie

ÉTUDE DES RÈGLES

112 **Complète par** -ie **ou** -i.
une sort... , le mercred... , une sonner... , le mar... , un cr... , une écur... , la première part... , un pl... , un rôt... , une sucrer... . Réussite : /10

113 **Complète les noms suivants en t'aidant du tableau ci-dessus.**
un rad... , du pers... , une librair... , un n... , la prair... , une fourm... , une boug... , un out... , la mair... , une cop... . Réussite : /10

A SAVOIR

une pie	la nuit	une épicerie
la pluie	la folie	une boulangerie
de la mie	un fruit	une écurie
minuit	une partie	une ménagerie

114 **Copie ces mots en deux groupes : 1. ceux qui se terminent par un** e **; 2. ceux qui se terminent par un** t.

115 **Écris les mots** A SAVOIR **qui ont un** é.

116 **Complète ces expressions par des mots** A SAVOIR.
une ... de cartes • être bavard comme une ... • manger un ... • une goutte de ... • une ... étoilée.

117 **Complète.**

Ex. : Qui est au jardin ? Le jardinier.

Qui est à la ferme ?	…	Qui est à la caisse ?	…
à la cuisine ?	…	à la boulangerie ?	…
en prison ?	…	à la pâtisserie ?	…
à la banque ?	…	à l'épicerie ?	…
à l'école ?	…	à l'infirmerie ?	…

Réussite : /10

118 **Où poussent-ils ?**

Ex. : les abricots ⟶ sur l'abricotier.

les fraises ⟶	…	les pêches ⟶	…
les pommes ⟶	…	les cerises ⟶	…
les bananes ⟶	…	les poires ⟶	…
les oranges ⟶	…	les olives ⟶	…
les framboises ⟶	…	les roses ⟶	…

Réussite : /10

119 **Complète par** -er **ou** -ier.

un tabl… , du pap… , ent… , un roch… , un quart… , le soup… , droit… , gauch… , prem… , dern… .

Réussite : /10

A RETENIR

De nombreux noms se terminent par **-er** ou **-ier** : *un verger, un cerisier.*

Certains d'entre eux ont un féminin en **-ère** ou **-ière** : *boucher, bouch**ère** ; charcut**ier**, charcut**ière**.*

21 la ponctuation

ÉTUDE DES RÈGLES

120 **Remplace chaque rond noir par un signe de ponctuation.**

– Julie • Viens vite • crie Papa • J'ai apporté une surprise •
– Qu'est-ce que c'est •
– Devine • Il a quatre pattes • de la fourrure • des moustaches et...
– C'est un petit chat • Est-ce que j'ai trouvé • Réussite : /10

121 **Remplace chaque rond noir par un signe de ponctuation.**

– Attention • L'avion va décoller • Avez-vous bien attaché vos ceintures •
– Oui • répond Éric •
Sa voix tremble et son cœur bat très fort • C'est la première fois qu'il prend l'avion •
Et toi • À sa place • n'aurais-tu pas aussi un peu peur •

Réussite : /10

A RETENIR

- La phrase se termine par un **point**.
– Quand on pose une question, on met un **point d'interrogation**.
– Quand on s'exclame, on met un **point d'exclamation**.
– Après un point, on écrit une lettre majuscule.
- Dans une phrase, quand on s'arrête un peu, on met une **virgule**.

A SAVOIR

un ouvrier	dernier	un métier
un écolier	entier	un sucrier
le papier	janvier	un tablier
un panier	singulier	un chevalier

122 **Écris les mots qui ont la lettre** u. **Lequel n'a pas le son** *u* **de** lune ?

123 **Complète par ces mots** A SAVOIR.
Pour ne pas salir sa robe, elle a mis un … . • Pour aller au marché, elle a pris un … . • Le gâteau est entamé, il n'est plus … . • Pour écrire, il a pris un crayon et du … . • Elle a mis du sucre dans le … .

124 **Quels mots** A SAVOIR **ont le sens contraire de** premier, pluriel ?

125 **Regroupe deux par deux les mots qui vont ensemble.**
élève, ouvrier, blouse, écolier, chevalier, profession, métier, cavalier, employé, tablier.

A SAVOIR

fumer	la pêche	tricher
la fumée	un pêcheur	un tricheur
un fumeur	acheter	labourer
pêcher	un acheteur	un laboureur

126 **Écris les noms en** -eur **correspondant à ces verbes :**
fumer, tricher, acheter, labourer, pêcher.

127 **Écris les verbes qui correspondent à ces noms :**
la tricherie, la pêche, un achat, la fumée, les labours.

128 **Copie les mots** A SAVOIR **qui ont un accent circonflexe.**

129 **Écris les mots** A SAVOIR **qui ont** ch.

130 **Charade.**
Mon 1er est une note de musique ;
Mon 2e est de la terre mélangée à de l'eau ;
Mon 3e est une autre note de musique.
On a besoin de mon tout pour que le blé pousse !

22 les lettres finales muettes

ÉTUDE DES RÈGLES

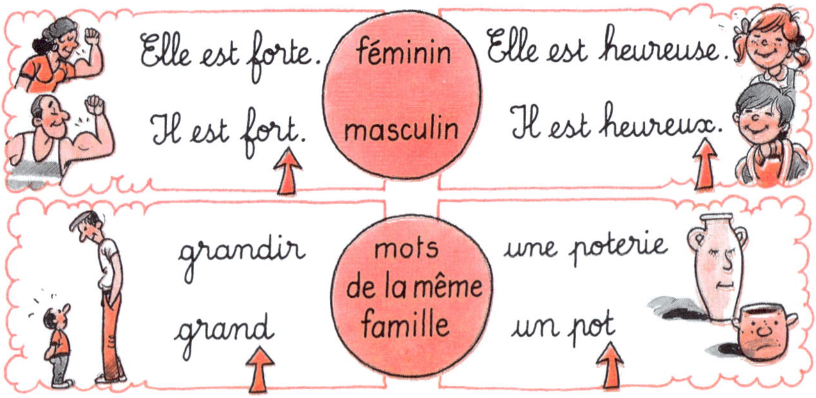

131 **Complète au masculin après avoir tracé toutes les flèches.**

ron**de**	froi…	hau**te**	gro…
forte	ron…	grosse	lon…
basse	blan…	franche	hau…
froide	for…	grise	fran…
blanche	ba…	longue	gri…

Réussite : /10

132 **Complète au masculin après avoir tracé toutes les flèches.**

chau**de**	ver…	parfai**te**	cui…
adroite	chau…	bonne	gran…
grasse	adroi…	cuite	so…
verte	gra…	grande	b…
ouverte	ouver…	sotte	parfai…

Réussite : /10

133 **Complète les noms qui correspondent aux verbes suivants :**

regar**d**er, le regar… ; chanter, un chan… ; sauter, un sau… ; camper, un cam… ; ventiler, le ven… ; monter, un mon… ; entasser, un ta… ; tricoter, un trico… ; retarder, le retar… ; bavarder, un bavar… .

Réussite : /10

134 **Complète les mots suivants :**

une bor**d**ure, le bor… ; le dentiste, une den… ; un arbre fruitier, un frui… ; un paysan, le pay… ; une rondelle, un ron… ; une sottise, il est so… ; le laitier, du lai… ; la toiture, le toi… ; le troisième, troi… ; un dossier, le do… .

Réussite : /10

135 **Complète après avoir tracé toutes les flèches.**

délici**euse** →	joyeux	courag... →	génér...
silencieuse	délici...	danger...	heur...
joy...	soign...	heureuse	coura**geux**
nombr...	silenci...	généreuse	nerveux
soigneuse	nombreux	nerv...	dangereux

Réussite : /10

136 **Complète les mots suivants.**
un plateau, un pla... ; embrasser, un bra... ; un renardeau, un renar... ; raser, couper à ra... ; un sportif, le spor... ; de la marchandise, un marchan... ; c'est enfantin, un enfan... ; un raton, un ra... ; une biscuiterie, un biscui... ; un abricotier, un abrico... .

Réussite : /10

A SAVOIR

rond	parfait	vieux
ronde	parfaite	peureux
long	nuageux	frileux
longue	orageux	douloureux

137 **Écris ces adjectifs au masculin.**
peureuse, ronde, frileuse, orageuse, longue, vieille, douloureuse, nuageuse, parfaite.

138 **Quels mots** A SAVOIR **se cachent dans ces mots ?**
imparfait, longueur, rondement.

139 **Dans quels mots** A SAVOIR **vois-tu les mots suivants :**
orage, peur, nuage, long.

140 **Complète par des mots** A SAVOIR.
Il ne quitte pas son manteau car il est ... . • C'est un ... chat qui a presque vingt ans. • Le temps est ... . • Il n'est pas guéri : son genou est encore ... . • C'est un chien ... qui se sauve quand un inconnu approche.

A RETENIR

Les mots forment des familles : *grand, grande, grandir, grandeur, agrandir...*
Un mot de la même famille fait parfois entendre une lettre muette : *forte* et *fort*, *poterie* et *pot*.

23 les homonymes

ÉTUDE DES RÈGLES

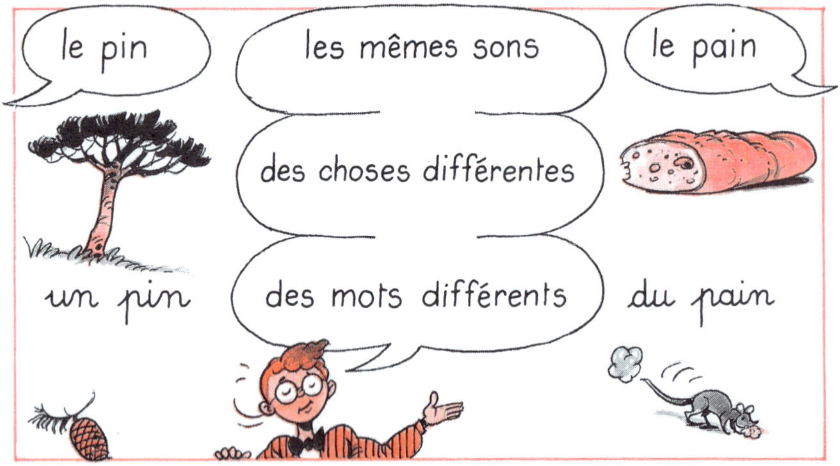

141 **Complète par les mots écrits en gras.**

une aile/elle • Veux-tu une cuisse de poulet ou une ... ? • C'est ... qui me l'a dit.

la boue/le bout • Attention ! Ne mets pas de la ... sur le tapis. • Tiens le ... du bâton.

un chant/un champ • J'ai entendu le ... du coucou. • Il a ramassé beaucoup de champignons dans ce ... .

la peau/un pot • Enlève la ... de cette pêche avant de la manger. • On a servi le jus de fruit dans un grand... .

en haut/l'eau • Les plats sont rangés en ... du placard. • L'... est en train de bouillir.

Réussite : /10

142 **Complète par les mots écrits en gras.**

un mois/moi • Toi, tu es un garçon, et ... je suis une fille. • Janvier est le premier ... de l'année.

un nom/non • En veux-tu ? ... . • Mon prénom est Pierre, mon ... est Martin.

le col/la colle • Ferme ton ... de chemise. • Cette ... est très forte.

un coq/une coque • Maman a fait cuire des œufs à la ... . • De bon matin, le ... a chanté.

une paire/le père • J'ai besoin d'une ... de ciseaux. • Mon ... et ma mère sont absents.

Réussite : /10

143 **Complète par les mots écrits en gras.**

toi/un toit • Notre maison a un ... de tuiles claires. • Qu'est-ce que tu en penses, ... ?
mai/mais • Parle, ... ne crie pas ! • J'aime le mois de ... .
do/le dos • Ce banc n'a pas de dossier : on a mal au ... . • Je récite les notes : ..., ré, mi, fa, sol, la, si, do.
la mer/ma mère • Son père et sa ... travaillent dans la même usine. • Je préfère la ... à la montagne.
la pâte/la patte • Le pâtissier réussit bien la ... à tarte. • Mon chien s'est fait mal à une ... . Réussite : /10

144 **Complète par les mots écrits en gras.**

un point/le poing • Serrez bien le ... . • A la fin de la phrase, je mets un ... .
une dent/dans • J'ai une ... qui pousse. • Range ton mouchoir ... ta poche.
cuire/du cuir • Mon cartable n'est pas en ... . • Faisons ... le rôti.
le pouce/il pousse • Je ... la porte pour l'ouvrir. • Mon petit frère suce son ... .
ma tante/une tente • La sœur de maman, c'est ma ... . • Je n'ai jamais couché sous une ... . Réussite : /10

A SAVOIR

un nom	un chant	haut
une date	chanter	en haut
le nez	l'encre	la hauteur
il est né	l'encrier	une dent

145 **Quels mots** A SAVOIR **peux-tu voir dans les mots suivants :** un dentiste, un chanteur, le prénom, la hauteur, un nouveau-né, un cache-nez.

146 **Écris tous les mots** A SAVOIR **qui contiennent le son *é*. Ce son s'écrit-il toujours de la même façon ?**

A RETENIR

Les **homonymes** sont des mots qui se prononcent de la même façon, mais qui n'ont pas le même sens et qui ne s'écrivent pas de la même façon : *le pin (l'arbre)* et *le pain (qu'on mange).*

24 les mots invariables

ÉTUDE DES RÈGLES

147 **Complète avec les mots qui sont à gauche.**

puis depuis sans sous dessous	**A.** Elle est sortie … parapluie. • Le chat a couru se cacher … le lit. • Il se lève, … il va se laver. • Où l'as-tu mis ? Dessus ou … ? • Tu as grandi… l'an passé.
en enfin encore entre ensuite	**B.** L'assiette se trouve … le couteau et la fourchette. • Je termine ce travail, … je t'aiderai à finir le tien. • L'hôtel est juste … face de la gare. • Le beau temps est … revenu ! • Puis-je prendre … un peu de gâteau ?

Réussite : /10

148 **Complète avec les mots qui sont à gauche.**

bien combien loin quoi pourquoi	**A.** J'aime … le cirque. • … ne sais-tu pas ta poésie ? • Ils habitent très … de chez moi. • … veux-tu de crayons ? • A … pensez-vous ?
avant devant pendant pourtant aintenant	**B.** Il s'arrêta … la maison. • Je n'ai pas compris, … j'ai bien écouté. • J'ai répondu … toi. • C'est à mon tour, … . • On l'a attendu … une heure.

Réussite : /10

149 **Complète avec les mots qui sont à gauche.**

puisque presque lorsque chaque jusqu'à	**A.** … tu arriveras, tu klaxonneras. • Elle réussit … toujours. • … matin, je fais mon lit. • Je veux bien … je te l'ai promis. • Nous resterons … demain.
comment souvent aussi surtout partout	**B.** Moi …, je veux une tartine. • … faut-il faire ? • Et …, n'oublie pas les clés ! • Je pense … à mes grands-parents. • Ne me suis pas …, comme un petit chien.

Réussite : /10

150 **Complète avec les mots qui sont à gauche.**

autre autour derrière ici voici	**A.** … ma tortue. • C'est … que j'habite. • Alignez-vous les uns … les autres. • Je te prête ce stylo, j'en ai un … . • Ne tourne pas … de moi !
avant-hier hier aujourd'hui demain après-demain	**B.** …, nous sommes mardi. …, c'était lundi. …, c'était dimanche. …, ce sera mercredi. …, ce sera jeudi.

Réussite : /10

A SAVOIR

une rame	une ride	une cuve
rude	la rage	l'orge
le vent	juin	noir
vide	un menu	son mari

151 **Trouve les mots** A SAVOIR **qui correspondent à ces verbes :** vider, se marier, ramer, noircir, rider, enrager.

152 **Quel mot** A SAVOIR **se termine par une lettre qu'on n'entend pas ?**

153 **Écris ces mots dans l'ordre alphabétique :** rude, cuve, orge, ride, juin, menu.

154 **Change l'ordre des lettres pour trouver des mots** A SAVOIR**.** dure, gare, dire, mare.

25 et / est

ÉTUDE DES RÈGLES

155 **Pour chaque phrase, écris l'expression construite avec** être.
Ex. : Ce lit *est* solide ⟶ *être solide.*
Son bureau est fermé. • Ta blouse est tachée. • Il est revenu lundi. • Votre purée est bonne. • Le billet est gratuit.

Réussite : /5

156 **Complète par** et **ou** est.

La table ... les chaises
La table ... jolie.

Un chien ... un chat
Ce chien ... gentil.

Luc ... au cours élémentaire.
Luc ... Françoise jouent.

La lecture ... l'écriture
La lecture ... terminée.

Réussite : /8

157 **Complète par** et **ou** est.
Mange la viande ... les légumes. • Cette nappe ... belle ... pratique. • L'escalier ... étroit ... un peu raide. • Le cèdre ... un arbre. • ...-il trop tard pour téléphoner ? • La plage n'... pas propre. • Le moteur ... les freins sont neufs. • Ferme les volets ... la fenêtre.

Réussite : /10

A RETENIR

- **et** réunit deux mots, deux expressions ou deux phrases.
- **est**, c'est le verbe *être* à la 3e personne du singulier du présent : *il est, elle est, on est.* Il peut être conjugué avec un verbe : *il est venu.*

158 **Pour chaque phrase, écris l'expression construite avec** avoir.

Ex. : Julie *a* un avion ⟶ *avoir* un avion.

Mon bateau a deux voiles. • Nicolas a de nombreux jouets. • On a coupé le pain. • La pomme a des pépins. • Mon voisin a des colombes. • Ce chat a de grandes oreilles. • Il a poussé un cri. • Comme ce papillon a de belles couleurs ! • On a marqué un but. • Nadine a verni le portail. Réussite : /10

159 **Complète par** a (avoir) **ou** à.

Brigitte … mangé. • Papa travaille … la banque. • Il joue … la balle. • On … ajouté du sel. • L'araignée … huit pattes. • Il réclame … boire. • La cane … pondu des œufs. • Je pense … Marc. • Il part … six heures. • On … vu un lion. Réussite : /10

160 **Complète par** a (avoir) **ou** à.

Le canard … un bec plat. • Lionel … lavé la voiture. • C'est un bateau … vapeur. • Voilà un piège … souris. • Elle … pelé les pommes. • … l'école, on … appris … grimper … la corde. • On … organisé une coopérative. Réussite : /10

A RETENIR

• **a** (sans accent), c'est le verbe *avoir* à la 3e personne du singulier du présent : *elle a un avion.* Il peut être conjugué avec un verbe : *il a volé.*

• **à** (avec accent) est un petit mot invariable.

A SAVOIR

un coq	la fatigue	coquin
cinq	se fatiguer	un requin
une fabrique	fabriquer	

161 **Écris les mots qui ont le son *k*. Quelles sont les différentes façons d'écrire ce son ?**

162 **Écris les mots qui ont les lettres** gu. **Souligne chaque fois la lettre qui vient juste après** gu.

163 **A quels mots** A SAVOIR **te font penser ces mots ?**
1. un nombre ; 2. un poisson ; 3. un oiseau ; 4. un polisson ; 5. une usine.

164 **Relève les mots qui ont la lettre** i. **Souligne ceux dans lesquels on n'entend pas le son *i*.**

A SAVOIR

cacher	un clocher	baver
une cachette	une miette	une bavette
coucher	une raquette	une clochette
une couchette		

165 **Écris les mots terminés par** er. **Lequel n'est pas un verbe ?**

166 **Quels noms en** -ette **correspondent à ces mots ?**
baver, une cloche, une couche, cacher, de la mie.

167 **Parmi ces mots, quels sont ceux qui sont dans la liste des mots** A SAVOIR **?**
une assiette, une baguette, une raquette, une casquette, une buvette, une cachette, une clochette, une couette.

168 **Complète ces expressions par des mots** A SAVOIR.
une ... de pain • une ... de tennis • manger en ... • le ... d'une église • dormir sur une ... .

169 **Devinettes.**
1. Je frappe les balles. Qui suis-je ? • 2. J'abrite les cloches. Qui suis-je ? • 3. Je protège bébé. Qui suis-je ?

170 **Remplace** son **par** un **ou** une.

son pantalon, son regard, son aile, son nom, son ardoise, son oncle, son tableau, son garage, son métier, son frère.

Réussite : /10

171 **Pour chaque phrase, écris l'expression construite avec** être.

Ex. : Ils *sont* contents ⟶ *être* content(s).

Ils sont arrivés. • Les voitures sont au parking. • Les pâtes sont cuites. • Les nuits sont fraîches. • Ces rivières sont claires. • Ces rats sont gros. • Mes semelles sont usées. • De nos jours, les loups sont rares. • Ils sont à l'école. • Elles sont là.

Réussite : /10

172 **Complète par** son **ou** sont.

Elle aime ... chien. • ... autobus a du retard. • Les clous ... rangés dans le dernier tiroir. • Les directeurs ... en réunion. • Ces fruits ne ... pas lavés. • Le soir, il garde ... frère. • Elle préfère ... corsage blanc. • Les magasins ... fermés. • Bébé réclame ... biberon. • Les merles ... des oiseaux noirs.

Réussite : /10

A RETENIR

- **son** accompagne toujours un nom au singulier. Il veut dire *le sien*.
- **sont**, c'est le verbe *être* à la 3e personne du pluriel du présent de l'indicatif.

28 ou / où

ÉTUDE DES RÈGLES

173 **Complète par** ou **ou bien par** où.

des livres … des disques
… veux-tu aller ?
des bonbons … un gâteau
Je sais … tu habites.
une pioche … une pelle
un chat … un petit chien
D'… vient-elle ?
… est votre garage ?
Bois du lait … de l'eau.
J'écrirai … je téléphonerai.

Réussite : /10

174 **Complète par** ou **ou bien par** où.

Il devait répondre : vrai … faux. • Iras-tu à Nantes en train … en voiture ? • J'hésite : cette veste … ce blouson ? • … se sont-ils installés ? • Ils se cachent … ils peuvent. • Préfères-tu rester avec maman … aller faire les commissions avec papa ? • Nous irons à la mer … à la montagne. • Dis-moi … tu as acheté ce jeu. • C'est le quartier … je suis né. • … as-tu trouvé ces feutres ?

Réussite : /10

A RETENIR

• **ou** (sans accent) marque un choix entre deux choses, deux personnes ou deux animaux : *un tambour **ou** une trompette.*

• **où** (avec accent) exprime une idée de lieu. ***Où** va-t-il ?* veut dire : *A quel endroit va-t-il ?*

A SAVOIR

un âne	une compagne	un signe
la pâte	la compagnie	la montagne
un bâton	un compagnon	la campagne
le crâne		

175 **Écris ces mots en les coupant en syllabes.**

176 **Écris les mots qui ont le son *on*. Que remarques-tu ?**

177 **Relève les mots qui ont un accent circonflexe. Sur quelle lettre est cet accent ?**

178 **Vrai ou faux ?**

1. Le mot A SAVOIR le plus court a trois lettres.
2. Un seul mot A SAVOIR a neuf lettres.
3. Un mot A SAVOIR a les mêmes lettres que *singe*, mais dans un autre ordre.

179 **Complète ces expressions par des mots A SAVOIR.**

faire un ... de la main • une fracture du ... • de la ... à tarte • l'... brait • tenir ... à quelqu'un.

A SAVOIR

un rat	une unité	un robot
un plat	l'utilité	un abricot
un soldat	un pot	un escargot
du chocolat	un sot	

180 **Écris les mots qui se terminent par un t muet.**

181 **Dans chacun de ces mots, trouve un mot A SAVOIR.**

une sottise, un plateau, une poterie, dératiser, la robotique.

182 **Écris le mot A SAVOIR qui correspond à chaque phrase.**

1. Il porte un uniforme. • 2. On y met la confiture. • 3. On l'achète en tablettes. • 4. C'est un rongeur. • 5. Il n'est pas très intelligent.

183 **Complète ces phrases avec des mots A SAVOIR.**

Le mètre est une ... de mesure. • Cette machine est d'une grande ... . • On a mangé de la confiture d'... . • On utilise des ... pour construire les voitures. • L'... a un seul pied.

29 ce, cet, cette, ces

ÉTUDE DES RÈGLES

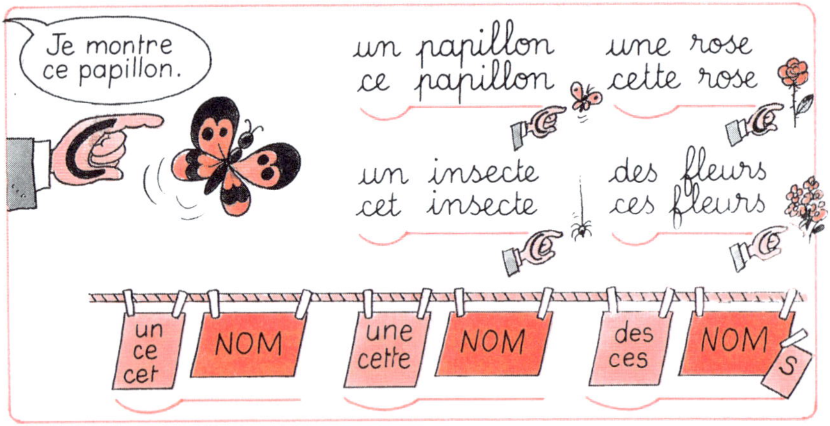

184 **Remplace** un, une **ou** des **par** ce, cette **ou** ces.

Ex. : un papillon ⟶ ce papillon.

une abeille, des jouets, un banc, des gilets, des miettes, une place, un trésor, une vitrine, des fenêtres, un litre.

Réussite : /10

185 **Remplace** un **ou** une **par** cet **ou** cette.

Ex. : un insecte ⟶ cet insecte.

une idée, un abricot, un âne, une autruche, une histoire, un instituteur, un ouvrier, une échelle, un escalier, une oreille.

Réussite : /10

186 **Complète par** ce, cet, cette **ou** ces.

... étoile brille beaucoup. • ... gardiens sont sérieux. • Ferme ... robinet. • ... nuages annoncent l'orage. • Je choisis ... veste. • Comme ... garçon est gentil ! • ... violettes sont jolies dans ... vase. • Suce ... pastille pour la gorge. • ... pièce me paraît sombre.

Réussite : /10

A RETENIR

ce, **cet**, **cette** et **ces** expriment l'idée de montrer.

- Après **ce** et **cet**, le nom est masculin singulier : *ce papillon, cet insecte.*
- Après **cette**, le nom est féminin singulier : *cette rose.*
- Après **ces**, le nom est au pluriel : *ces fleurs.*

187 **Remplace** un **par** ce.

Ex. : un jouet ⟶ ce jouet.

un bâton, un dessin, un papillon, un pêcheur, un lavabo, un nid, un nombre, un vase, un pays, un piquet. Réussite : /10

188 **Pour chaque phrase, écris le verbe avec** se.

Ex. : Éric se lave ⟶ se laver.

Les enfants se cachent. • Mon oncle se lève très tôt. • Les chats se fatiguent vite. • Il se moque de son copain. • Il se croit le plus fort. • Maman ne se trompe pas. • Il se tient droit. • Cette voiture se vend bien. • Elle se sauve en courant. • Les élèves se disputent. Réussite : /10

189 **Complète par** ce **ou** se.

Il ... perd toujours. • ... plat est en argent. • Répare ... robinet. • Elle ... rend à Lille en voiture. • Le boxeur ... relève. • Elle ... retourne souvent. • ... tablier est à moi. • Ils ... rappellent leurs vacances. • Il ... réveille tôt. • Qui a creusé ... trou ? Réussite : /10

A RETENIR

• **ce** fait partie du groupe du nom. Il accompagne un nom masculin singulier. Il exprime l'idée de montrer : *un jouet, ce jouet.*

• **se** fait partie d'un verbe. Dans *il se lave*, il y a le verbe *se laver*.

A SAVOIR

ras	trois	zéro
le bras	un mois	un zèbre
le dos	gris	douze
une fois	un radis	un bazar

190 **Écris les mots qui se terminent par un** s **que l'on ne prononce pas.**

191 **Copie les mots qui ont la lettre** z.

192 **Parmi les mots** A SAVOIR, **trouve les mots désignant :**
1. une couleur ; 2. un commerce ; 3. une partie du corps ; 4. un animal ; 5. un légume.

193 **Trois mots** A SAVOIR **désignent un nombre. Écris-les.**

194 **Quels mots** A SAVOIR **correspondent à ces définitions ?**
1. Il y en a douze dans l'année. • 2. Il y en a un à la fin de 10. • 3. C'est très court. • 4. Il est rayé. • 5. On y vend un peu n'importe quoi.

A SAVOIR

étrange	un partage	la plage
un mélange	partager	un corsage
mélanger	une page	un ouvrage
un boulanger	un orage	

195 **Écris ces mots en deux groupes :**
1. ceux qui ont -ange- **; 2. ceux qui ont** -age-.

196 **Copie les mots** A SAVOIR **qui ont un** é (e **accent aigu).**

197 **Quels mots** A SAVOIR **désignent :**
1. un vêtement féminin • 2. un métier • 3. une partie d'un livre ou d'un cahier • 4. un endroit au bord de la mer.

198 **Complète ces phrases par des mots** A SAVOIR.
Le temps est à l'... . • La couleur verte est un ... de jaune et de bleu. • Il ne veut pas ... le gâteau avec sa sœur. • Il lui est arrivé une ... histoire. • Il a corné une ... de son cahier neuf.

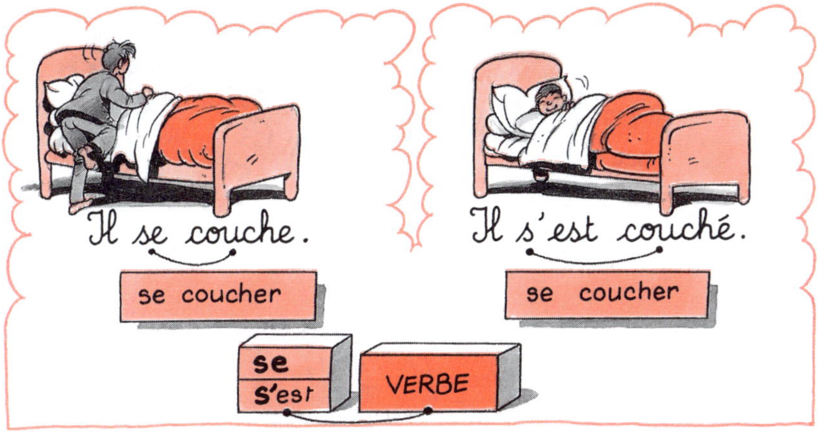

199 **Écris les verbes à l'infinitif.**

Ex. : Il *s'est couché* ⟶ *se coucher.*

Il s'est levé tard.
Ma sœur s'est mariée.
On s'est mis au travail.
Il s'est penché.
Elle s'est promenée seule.
Bébé s'est endormi.
Elle s'est relevée.
Il s'est rendu utile.
La caissière s'est trompée.
Le robot s'est dirigé vers lui.

Réussite : /10

200 **Écris les verbes à l'infinitif.**

Ex. : Il s'est caché derrière un arbre ⟶ **se cacher.**

Elle s'est lancée à sa poursuite. • Céline s'est reposée après le déjeuner. • Un grave accident s'est produit cette nuit. • Le chien s'est couché à ses pieds. • Sa robe s'est prise dans la portière. • Yves s'est tordu la cheville en jouant au football. • Le nouveau maître s'est présenté à la classe. • Il s'est rendu à son travail par le train. • Il ne s'est pas coiffé ce matin. • On s'est assis sur un banc.

Réussite : /10

A RETENIR

- **se** fait partie d'un verbe. Dans *il se couche*, il y a le verbe *se coucher*.
- **s'est** fait aussi partie d'un verbe. On retrouve **se** (ou **s'**) en cherchant l'infinitif du verbe. Dans *il s'est couché*, il y a le verbe *se coucher*.

32 c'est / cet / cette

ÉTUDE DES RÈGLES

201 **Complète par** cet, cette **ou** c'est.

... animal	... fusée	... voiture
... un animal	... une fusée	... ma voiture
... couverture	... une fleur	... fleur
... sa couverture		

Réussite : /10

202 **Complète par** cet, cette **ou** c'est.

... ma mère	... ouvrier	... un lapin
... la cuisine	... idée	... chapelle
... machine	... un écolier	... son oncle
... âne		

Réussite : /10

203 **Complète par** cet, cette **ou** c'est.

Elle est vendeuse dans ... boutique. • Attention à ... escalier ! • ... un temps orageux. • ... salière est vide. • ... homme est mon père. • ... personne m'a aidé. • ... lettre m'appartient. • Demain, ... la fête de Martine. • ... un bonnet en laine. • Je crois que ... une prison.

Réussite : /10

A RETENIR

- **c'est** est suivi d'un groupe du nom qui commence par un déterminant : *c'est un sapin, c'est un chalet.*
- **cet** et **cette** font partie du groupe du nom : *cet arbre, cette maison.*

A SAVOIR

la garde	une ardoise	avertir
garder	la moutarde	ouvert
garnir	perdre	traverser
vernir	le perdant	une découverte

204 **Copie les mots** A SAVOIR **qui sont des verbes.**

205 **Copie les mots** A SAVOIR **qui sont des noms. Sont-ils tous des noms féminins ?**

206 **Écris les mots qui contiennent** ar.

207 **Retrouve trois mots** A SAVOIR **en ajoutant une lettre par tiret.**
d - c - - v - - t - • - e - n - - • - - v - r - .

208 **Complète ces expressions par des mots** A SAVOIR.
... la rue • ... une dent • ... un secret • ... un plat avec des feuilles de salade • se ... les ongles.

209 **Quel est le contraire de ces mots ?**
le gagnant, fermé, dégarnir.

A SAVOIR

une vitre	le ventre	une montre
un titre	dix	montrer
un litre	un feutre	une rencontre
un astre	un monstre	rencontrer

210 **Quels mots** A SAVOIR **obtiens-tu si tu changes la première lettre du mot** *pitre* **?**

211 **Quels mots** A SAVOIR **désignent :**
1. un animal fantastique ; 2. un nombre ; 3. une partie du corps humain ; 4. une sorte de stylo ; 5. un objet qui indique l'heure.

212 **Écris les mots qui contiennent le son** *s* **(de** sage**). Souligne celui qui ne s'écrit pas avec un** s.

213 **Complète ces expressions par des mots** A SAVOIR.
le ... d'un livre • un ... de lait • faire une mauvaise ... • ... quelqu'un du doigt • briller comme un ... .

33 c'est / s'est
ÉTUDE DES RÈGLES

214 **Complète par** c'est **ou** s'est.

Il ... remis à courir.
... une belle journée.
... un os de gigot.
Il ... endormi tard.
... un œuf poché.
... un bruit pénible.
L'histoire ... passée en France.
... du sirop d'érable.
... un piège à renards.
Ma sœur ... levée avant moi.

Réussite : /10

215 **Complète par** c'est **ou** s'est.

... le pilote de l'avion. • Tiens, ... une lettre recommandée. • Minette ... cachée sous le buffet. • ... un élève du cours préparatoire. • Il ... réveillé quand le coq a chanté. • Elle ose dire que ... un mensonge. • Il croit que ... une course de lévriers. • Il ne ... jamais perdu dans cette ville. • ... une route en zigzags. • Il ... préparé pour le match. Réussite : /10

A RETENIR

- c'est est souvent suivi d'un groupe du nom : *c'est un cochon.*
- s'est accompagne toujours un verbe : *Il s'est sali* (*se salir*).

216 **Remplace le pronom** on **par** il **ou** elle.

Ex. : *on* joue ⟶ *il* (ou *elle*) joue.

On travaille bien. • On frappe à la porte. • On a distribué les lettres. • On pensait souvent à vous. • On lira demain.

Réussite : /5

217 **Pour chaque phrase, écris l'expression construite avec** avoir.

Ex. : Ils *ont* dessiné ⟶ *avoir* dessiné.

Ils ont cousu les boutons. • Elles ont une maison. • Ils ont ouvert les portes. • Ils ont caché les clés. • Elles ont des billes.

Réussite : /5

218 **Complète par** on **ou par** ont.

... a parlé de toi. • Mes fils ... la grippe. • Les soldats ... défilé. • ... a lu ta carte. • Dans le pré, ... a vu un lièvre. • ... suit le guide. • Les plantes ... crevé. • Les éboueurs m'... réveillé de bonne heure. • Dimanche, ... a mangé des crêpes. • Les agents ... arrêté la circulation. Réussite : /10

A RETENIR

- **on** est un **pronom personnel** comme *il* ou *elle*. Il est toujours le sujet d'un verbe conjugué au singulier : *on joue.*
- **ont**, c'est la 3e personne du pluriel du verbe *avoir* au présent.
  ont peut aussi être conjugué avec un verbe : *ils ont dessiné*.

A SAVOIR

un prince	le pied	une pioche
une princesse	un pays	une tache
un maître	une cour	la messe
une maîtresse	l'amour	une tresse
		au lieu de

219 **Écris les mots qui se terminent par** -esse.

220 **Dans chacun de ces mots, trouve un mot** A SAVOIR.
un paysage, tacheté, la maîtresse, une courette, une princesse.

221 **Cherche les mots qui correspondent à ces verbes :**
piocher, tresser, aimer, tacher, maîtriser.

222 **Dans les mots** A SAVOIR, **relève les noms qui désignent :**
1. des personnes ; 2. une partie du corps humain ;
3. une cérémonie religieuse ; 4. un outil ; 5. une saleté.

A SAVOIR

une roue	la joie	une bande
la boue	une raie	utile
la joue	une craie	une parole
une oie	une tenue	une fourche
la soie	une morue	

223 **Un seul de ces mots n'est pas un nom. Lequel ?**

224 **Vrai ou faux ? Dans les mots** A SAVOIR **:**
1. Tous les noms se terminent par un **e** et sont féminins.
2. On trouve le nom de deux poissons.
3. Le mot le plus long a neuf lettres.

225 **Cherche dans les mots** A SAVOIR **:**
1. le contraire d'*inutile* ; 2. le contraire de *tristesse* ; 3. le nom de la femelle du jars ; 4. le nom d'un groupe de personnes ayant un chef ; 5. le nom de ce qui sert à écrire.

226 **Jeu avec les mots.**
Si la *joie* perd son **j**, elle devient une volaille. Laquelle ?
Si la *craie* perd son **c**, elle devient un poisson. Lequel ?
Si la *boue* change son **b**, elle devient un objet rond. Lequel ?

227 **Remplace** un, une **ou** des **par** leur **ou** leurs.

Ex. : un chat ⟶ leur chat.

un gardien, une réponse, des mouchoirs, une proposition, des chants, une maison, des dessins, des tentes, un capitaine, des explications.

Réussite : /10

228 **Complète par** leur **ou** leurs.

... billet, ... billets, ... pendule, ... pendules, ... cadeau, ...cadeaux, ... pantalons, ... oiseaux, ... toit, ... balcon.

Réussite : /10

229 **Complète par** leur **ou** leur(s).

Je ... prête mes disques. • Ils aiment ... chats. • Les deux frères jouent avec ... circuit. • Les élèves ont apporté ... ballons à l'école. • Maman ... a promis un jeu s'ils travaillent bien. • Ce sont ... grands-parents qui iront les chercher. • Max et Julien ont montré ... cochon d'Inde à ... camarades. • Ne ... dis pas ce que je vais ... acheter : c'est une surprise.

Réussite : /10

A RETENIR

- **leur** fait partie du groupe du nom, comme *un*, *une* ou *des*. Quand le nom est au pluriel, il prend un **s** : *leurs chats* (plusieurs chats).
- Le pronom **leur** est un mot qui désigne plusieurs personnes ou plusieurs animaux. C'est le pluriel de **lui**. Il est toujours placé avant un verbe.

36 tout, tous, toute, toutes

ÉTUDE DES RÈGLES

230 **Souligne le groupe du nom qui va avec** tout, tous **ou** toute(s).

Il vient tous les matins. • Elle a rangé toutes les balles. • Il gèle tous les hivers. • J'ai vu tout le spectacle. • Elle a mangé toute la salade.

Réussite : /5

231 **Complète par** tout, tous, toute **ou** toutes.

tous les joueurs	... le monde	... le secret
... les garçons	... les hommes	... la nuit
... la famille	... la maison	... les cachettes
... les filles	... le placard	

Réussite : /10

232 **Complète par** tout, tous, toute **ou** toutes.

... mes amis	... ces histoires	... le temps
... mon courage	... la laine	... les qualités
... leurs voisins	... les trois	... mon pain
... les directions		

Réussite : /10

A RETENIR

Lorsque **tout** est placé avant le groupe du nom, il s'accorde :

– au masculin, il s'écrit **tout** au singulier et **tous** au pluriel ;

– au féminin, il s'écrit **toute** au singulier et **toutes** au pluriel.

A SAVOIR

un jouet	un briquet	un bal
un livret	un tabouret	un canal
un piquet	nul	matinal
un bouquet	avril	le carnaval

233 **Observe bien la première colonne des mots** A SAVOIR. **Que remarques-tu ?**

234 **Observe bien la troisième colonne des mots** A SAVOIR. **Que remarques-tu ?**

235 **Relève tous les mots qui ont le son *k*. Comment s'écrit-il ?**

236 **Complète chaque expression par un mot** A SAVOIR.
un ... de fleurs • un poisson d'... • un char du ... • un ... masqué • raide comme un ... .

237 **Trouve le mot** A SAVOIR **qui va bien avec chacun de ces mots :**
une chaise, un cahier, une rivière, un jeu, une allumette.

A SAVOIR

direct	triste	rare
directement	tristement	rarement
fort	propre	solide
fortement	proprement	solidement
adroit	adroitement	

238 **Observe ces mots, puis écris-en un terminé par** -ment **avec** chaud **et avec** sage.

239 **Parmi ces mots, quels sont ceux qui sont dans la liste des mots** A SAVOIR **?**
proprement, justement, tristement, vivement, salement, adroitement, directement, fermement, rarement, bêtement.

240 **Écris les mots** A SAVOIR **qui se terminent par un** t.
Souligne celui qui se termine par un t **que l'on entend.**

241 **Parmi les mots** A SAVOIR, **trouve le contraire de :**
sale, gai, fragile, faible, maladroit.

37 pluriel des noms (1)

ÉTUDE DES RÈGLES

242 **Écris les noms suivants au singulier.**

Ex. : des moutons ⟶ *un* mouton.

des épingles, des bouquets, des timbres, des vendeurs, des fruits, des brebis, des rochers, des radis, des instruments, des croix.

Réussite : /10

243 **Écris les noms suivants au pluriel.**

Ex. : un mouton ⟶ *des* mouton*s*.

une sardine, une vipère, un voyageur, un nid, un moteur, un bois, un escalier, une échelle, un plat, un magasin.

Réussite : /10

244 **Complète en écrivant chaque nom au singulier ou au pluriel.**

ma raquette	→	mes …	la pièce	→	les …
le …	→	les spectateurs	une souris	→	des …
ce pantalon	→	ces …	une …	→	des pierres
cette …	→	ces grenouilles	ta brosse	→	tes …
un tabouret	→	des …	mon voisin	→	mes …

Réussite : /10

A RETENIR

On écrit le pluriel en ajoutant la lettre **s** à la fin du nom : *des moutons*.

Si le nom se termine déjà au singulier par un **s** (ou un **x**, ou un **z**), il ne change pas au pluriel : *une brebis, des brebis.*

245 **Écris les noms suivants au pluriel.**

un chapeau, un journal, un panier, un clou, un jeu, un piéton, un caillou, un corbeau, un animal, un coucou. Réussite : /10

246 **Écris les noms suivants au singulier.**

des tableaux, des robinets, des canaux, des feux, des bureaux, des verrous, des maux de tête, des bâtons, des moineaux, des bocaux. Réussite : /10

247 **Complète, soit au singulier, soit au pluriel.**

un écriteau, des écrit...
son neveu, ses nev...
un sign..., des signaux
un bijou, des bij...
un cou, des c...

un gen..., des genoux
un cheval, des chev...
un cheveu, des chev...
un s..., des sous
un taureau, des taur...

Réussite : /10

A RETENIR

• Les noms terminés par **-eau** ou **-eu** ont un **x** au pluriel : *des bateaux, des jeux*. Sauf : *des pneus, des bleus*.

• Les noms terminés par **-al** s'écrivent **-aux** au pluriel : *un cheval, des chevaux*. Sauf : *des bals, des carnavals, des chacals...*

• Les noms terminés par **-ou** s'écrivent **-ous** au pluriel : *des trous*. Sauf sept noms : *bijou(x), caillou(x), chou(x), genou(x), hibou(x), joujou(x), pou(x).*

A SAVOIR

dur	un bec	hier
pur	un lac	l'hiver
un mur	du fer	venir
du sel	la mer	courir

248 **Écris les mots qui se terminent par la lettre** r. **Souligne le** r **s'il se prononce.**

249 **Écris les mots qui ont un** e. **Un seul** e **se prononce comme le** e **de** petit. **Souligne-le.**

250 **Écris les mots** A SAVOIR **:**
1. qui commencent par un **h**. • 2. qui sont des verbes. • 3. qui se terminent par un **c**.

251 **A quels mots** A SAVOIR **peux-tu opposer ces mots ?**
1. le sucre • 2. l'été • 3. marcher • 4. mou • 5. partir.

252 **Trouve tous les mots** A SAVOIR **de trois lettres et écris-les dans l'ordre alphabétique.**

A SAVOIR

le cou	un hibou	une histoire
un loup	un lavabo	une victoire
un clou		une sorcière
un fou	une rivière	une matière
un trou	une soupière	la mémoire

253 **Dans la première colonne, quel est le mot qui ne se termine pas comme les autres ?**

254 **Classe les mots de la troisième colonne en deux groupes : 1. ceux qui ont le son** *oi* **; 2. ceux qui ont le son** *è*.

255 **Complète chaque paire de mots par un mot** A SAVOIR.
une chouette et un ... • une réussite et une ... • un plat et une ... • un évier et un ... • une vis et un ... • un fleuve et une ... • un chien et un ... .

256 **Complète ces expressions par des mots contenant** ou.
courir comme un ... • boire comme un ... • être maigre comme un ... • avoir une faim de ... • long comme un ... de girafe.

un garçon	une fille
un ami	une amie
un directeur	une directrice
un écolier	une écolière
un élève	une élève

257 **Trouve le féminin qui correspond au masculin.**

le père, le frère, un homme, le marié, un gardien, un ouvrier, un aviateur, un instituteur, un indien, un spectateur.

Réussite : /10

258 **Trouve le masculin qui correspond au féminin.**

une reine, une voyageuse, une cane, ma tante, une lionne, la voisine, une ânesse, une poule, une artiste, une enfant.

Réussite : /10

259 **Complète par le masculin ou le féminin.**

le boulanger	→	la ...	un in...	→	une inconnue
mon cousin	→	ma ...	un ...	→	une joueuse
monsieur	→	m...	un lapin	→	une ...
un ...	→	une pianiste	le coiffeur	→	la ...
un cheval	→	une ju...	un prince	→	une ...

Réussite : /10

A RETENIR

- Un nom est féminin si on peut le dire avec *une*.
- Le féminin est souvent différent du masculin correspondant :
  - il peut être très différent : *un garçon, une fille* ;
  - la fin du mot peut changer : *un directeur, une directrice.*
  - on ajoute simplement un **e** : *un ami, une amie.*
- Le féminin s'écrit parfois comme le masculin : *un élève, une élève.*

40 féminin des adjectifs

ÉTUDE DES RÈGLES

260 **Complète au féminin en utilisant l'adjectif en gras.**

un tabouret **bas** → une table … • un garçon **peureux** → une fille … • un **nouveau** livre → une … revue • un regard **vif** → une allure … • un pantalon **léger** → une robe … • un temps **orageux** → une journée … • un homme **seul** → une femme … • un animal **doux** → une bête … • un homme **riche** → une personne … • un sac **neuf** → une trousse … .

Réussite : /10

261 **Complète au masculin ou au féminin.**

un gâteau **sucré** → une tarte … • un lit **moderne** → une lampe … • une fille **franche** → un garçon … • un ciel **pur** → une eau … • un âne **gris** → une mule … • **bon** courage → … chance • du lard **gras** → de la viande … • une fille **soigneuse** → un enfant … • une femme **active** → un homme … • un chat **curieux** → une chatte … .

Réussite : /10

A RETENIR

- Le féminin d'un adjectif est souvent différent du masculin :
  – il peut être très différent : *beau, belle*.
  – on ajoute simplement un **e** : *fort, forte* ;
  – la dernière lettre du masculin peut changer ou se doubler avant d'ajouter le **e** : *courageux, courageuse ; gros, grosse*.
- Le féminin de certains adjectifs ne change pas du masculin correspondant : *un animal sauvage, une bête sauvage*.

A SAVOIR

l'air	un sujet	une fontaine
une aile	injuste	un capitaine
un aigle	une majuscule	la grammaire
une paire	jeune	le vocabulaire
traire		élémentaire

262 **Quels sont les mots qui se terminent par** -aire ?

263 **Écris les mots qui ont la lettre** j.

264 **Vrai ou faux ? Dans les mots** A SAVOIR **:**
1. Il y a le contraire de juste. • 2. Il y a le mot minuscule. • 3. Il y a un seul verbe. • 4. Il y a deux mots qui commencent par la lettre v. • 5. Il y a un mot qui s'écrit avec deux m.

265 **A quels mots** A SAVOIR **correspondent ces définitions ?**
1. Deux choses qui vont ensemble. • 2. Grand oiseau de proie. • 3. Grande lettre. • 4. Contraire de vieux. • 5. Joueur qui commande une équipe de football.

A SAVOIR

doux	une toile	approcher
douce	une voile	arracher
le pouce	une nappe	donner
une place	échapper	sonner
la force		une sonnerie

266 **Écris les mots de la première colonne qui ont le son** *s*. **Souligne chaque fois la lettre qui représente ce son.**

267 **Écris les mots de la troisième colonne en soulignant toutes les consonnes doubles.**

268 **Complète ces phrases par des mots** A SAVOIR.
Le peintre a vendu une … . • Le magasin est sur la … du village. • Il le tient entre le … et l'index. • Le vent souffle avec … . • Le voleur a essayé de s'… .

269 **Réponds à ces questions par des mots** A SAVOIR.
Que met-on sur la table ? • Qu'est-ce qui est accroché à un mât de bateau ? • Qu'est-ce qu'on cherche pour garer sa voiture ? • Qu'entends-tu lorsqu'on t'appelle au téléphone ? • L'eau de mer est salée ; comment est celle des lacs et des rivières ?

41 accord des adjectifs

ÉTUDE DES RÈGLES

270 **Trace des flèches pour relier chaque nom à un adjectif.**

des personnes	gentil	de l'herbe	sec
une dame	gentils	un temps	secs
un homme	gentille	des haricots	sèche
des voisins	gentilles	des noix	sèches
une vendeuse		des saucissons	

Réussite : /10

271 **Complète les adjectifs.**

Elle est sortie avec un short *bleu* et un pull *noir*.
Il avait mis une chemise bleu... et une veste noir... .
Ils ont choisi des chaussettes bleu... et des chaussures noir... .

un garçon *adroit*	un vélo *neuf*
une fille adroit...	une voiture neu...
des enfants adroit...	des autos neu...
des joueuses adroit...	des camions neu...

Réussite : /10

272 **Complète les adjectifs.**

du pain *blanc*	un pull *chaud*	un meuble *bas*
des cheveux blanc...	des robes chaud...	une table bas...
une pierre blanc...	des manteaux chaud...	des chaises bas...
des feuilles blanc...	une veste chaud...	des fauteuils bas...
des fromages blanc...		

Réussite : /10

273 **Complète en accordant les adjectifs avec leur nom.**

Ils ramassent des pierres rond.... • Il a les cheveux long... . • Le dimanche, il mettait ses beau... habits. • Des nuages gris... glissaient dans le ciel. • Il faut couper les branches haut.... • Achète des tomates bien rouge... . • Il portait une chemise usé... . • Il avait les mains gras... . • Cette réponse est sot... . • Où sont mes feutres noir... ? Réussite : /10

274 **Complète en accordant les adjectifs avec leur nom.**

C'est une brouette très léger... . • Il cultivait de très bel... roses. • La couchette était très dur... . • Ces confitures sont trop sucré... . • Il range les assiettes plat... . • Cette épingle est très pointu... . • C'était une très joli... locomotive. • Il pleurait à chaud... larmes. • Les raisins sont encore vert... . • On s'achètera des outils plus pratique... . Réussite : /10

A SAVOIR

fin	un bidon	un pépin
malin	du coton	un magasin
le féminin	de l'or	un dragon
du linge	un trésor	la cuisson

275 **Écris les mots qui se terminent par la lettre** n. **Souligne cette lettre quand elle se prononce** *n* **(comme dans** *ni***).**

276 **Écris les deux mots** A SAVOIR **qui sont des adjectifs.**

277 **Quels mots** A SAVOIR **désignent :**

1. un animal qui n'existe pas ; 2. une sorte de tout petit noyau ; 3. le contraire du masculin ; 4. un métal précieux ; 5. un récipient.

278 **Change une lettre de chaque mot et tu retrouveras des mots** A SAVOIR.

singe, matin, buisson, cocon, pin.

A RETENIR

• L'adjectif qualificatif s'accorde toujours avec le nom auquel il se rapporte (avec *ce qui est*...).

• Il est au masculin ou au féminin, et il prend un **s** au pluriel.

279 **Trace toutes les flèches possibles entre les sujets et les verbes.**

Les élèves		Philippe	
Le capitaine	écoute.	Léa et Sandra	répond.
Mon camarade		Henri et Marc	
Le gardien	écoutent.	Ma sœur	répondent.
Les joueurs		Mes frères	

Réussite : /10

280 **Accorde chaque verbe avec son sujet.**

Ces vieilles voitures ne roul... plus. • Claudine et Colette se sauv... . • Denis ferm... le garage. • Les pêcheurs ne sort... pas du port, ce matin. • Ces canards ne vol... pas. • Mon oncle et ma tante vienn... nous rendre visite. • Le chaton saut... sur sa mère pour jouer. • Les oreilles du lapin ne boug... plus. • Les feuilles ne tomb... pas encore. • Ces pastilles fond... à la chaleur.

Réussite : /10

281 **Écris tous les pronoms personnels (je, tu, il, etc.) qui peuvent être les sujets des verbes suivants.**

... te donne un disque. • ... me lavaient les oreilles. •
... ne travaillez plus. • ... ne finis pas la soupe. •
... ne mélangeons pas les jaunes et les blancs des œufs.

Réussite : /10

282 **Accorde chaque verbe avec son sujet.**

Cet enfant ne pleur... jamais. • Est-ce que les ours mang... du miel ? • Le prince et la princesse n'aim... pas la sorcière. • Les moucherons tourn... autour de la lampe. • Son père et sa mère regard... le match. • Mon chien ne grogn... pas. • Est-ce que les jouets coût... cher ? • Le corbeau et le merle s'envol... . • Les maîtres se réuniss... à 17 heures. • Les miettes de pain attir... les oiseaux. Réussite : /10

283 **Accorde chaque verbe avec son sujet.**

Ces joueurs port... des maillots verts. • Le chien et le chat dor... ensemble. • On t'oblig... à rester. • Mon père et ma mère travaill... le samedi. • Les deux sœurs ne se ressembl... pas. • Elle n'écout... jamais la radio. • Ce soir, les voitures n'avanc... pas vite. • Les élèves aim... la musique. • Papa épluch... les légumes. • Mathieu et Michèle jou... de la guitare. Réussite : /10

A SAVOIR

dire	boire
écrire	croire
s'amuser	s'envoler

284 **Classe ces verbes suivant leur terminaison.**

285 **Écris ces verbes dans l'ordre alphabétique.**

286 **Écris ces mots deux par deux, en regroupant ceux qui vont ensemble.**

parler, écrire, boire, lire, voler, s'amuser, manger, dire, jouer, s'envoler.

A RETENIR

• Le verbe s'accorde toujours avec son sujet. Si le sujet est au singulier, le verbe est au singulier. Si le sujet est au pluriel, le verbe est au pluriel. Quand il y a deux sujets au singulier, le verbe est au pluriel.

• Le pluriel des verbes se marque par les lettres **(e)nt** : *ils se battent.*

43 accord du participe passé avec être

ÉTUDE DES RÈGLES

287 **Trace toutes les flèches, puis écris les phrases obtenues.**

Ex. : Elle est venue.

Elle est	venu.
Elles sont	venue.
Il est	venus.
Ils sont	venues.
Sophie est	

Mes oncles étaient	resté.
Mon cousin est	restée.
Ma tante est	restés.
Mon oncle et ma tante sont	restées.
Mes cousines étaient	
Mes grands-parents sont	

Réussite : /10

288 **Souligne l'auxiliaire** être, **puis complète les phrases.**

Julie est devenu... sage. • Les enfants sont sorti... . • La cachette est trouvé... . • Les moteurs seront démonté... . • Les clowns sont reparti... . • Les gens sont arrivé... . • Deux coureurs se sont échappé... . • Elle était rentré... se coucher. • Les pommes de terre sont épluché... . • Les joueurs sont bien dirigé... .

Réussite : /10

A RETENIR

- Le participe passé employé avec l'auxiliaire *être* s'accorde en genre et en nombre avec le sujet du verbe (avec *ce qui est*...).
- On ajoute un **e** au féminin et un **s** au pluriel.

289 **Réponds bien aux questions avant de compléter.**

- Ces outils sont utile... . *(Qu'est-ce* ***qui est*** *utile ?)*
- Cette vitrine est bien décoré... . *(Qu'est-ce* ***qui est*** *décoré ?)*
- Voici les pommes qu'il a acheté... . *(Qu'est-ce* ***qui est*** *acheté ?)*
- La banque est ferm... . *(Qu'est-ce* ***qui est*** *fermé ?)*
- Les enfants se sont lavé... . *(Qui est-ce* ***qui est*** *lavé ?)*

Réussite : /5

290 **Réponds bien aux questions avant de compléter.**

• Elle riait, amusé... par un film muet. *(Qui est-ce* ***qui est*** *amusé ?)* • Ces fleurs, je les ai gagné... à la fête. *(Qu'est-ce* ***qui est*** *gagné ?)* • Où sont les chevaux qu'elle a dessiné... . *(Qu'est-ce* ***qui est*** *dessiné ?)* • Maria et Isabelle se sont perdu... . *(Qui est-ce* ***qui est*** *perdu ?)* • Range les douze œufs que j'ai acheté... . *(Qu'est-ce* ***qui est*** *acheté ?)*

Réussite : /5

A RETENIR

- Un participe passé s'accorde avec *ce qui est*..., si on a déjà écrit *ce qui est* au moment où on écrit le participe passé.
- On ajoute un **e** au féminin et un **s** au pluriel.

A SAVOIR

vert	un sport	basse
verte	un sportif	le bord
gras	bas	le rebord
grasse	en bas	une bordure

291 **Relève les mots terminés par une consonne muette.**

292 **Écris les mots** A SAVOIR **qui ont** SS. **Est-ce qu'on pourrait les écrire avec un seul** S **?**

293 **Écris les mots qui figurent dans les mots** A SAVOIR.
un portique, verte, border, le rebord, en bas, le port, grasse, un ver, gros, une bordure, le sport, pas.

294 **Complète par des mots** A SAVOIR.
Elles parlaient tout ... . • Elle a rempli son verre à ras ... . • On fait la ... matinée. • Il arrose sa plante ... deux fois par semaine. • Il a mis les plantes sur le ... de la fenêtre.

A SAVOIR

une villa	un risque	une lettre
une salle	une sottise	une botte
un ballon	une patte	une bottine
une balle	la lutte	une batteuse

295 **Observe bien ces mots** A SAVOIR. **Il y a un intrus. Écris-le et dis pourquoi c'est un intrus.**

296 **Complète ces expressions par des mots** A SAVOIR.
la ... des fêtes • poster une ... • un ... de football • une ... de tennis • s'assurer contre le ... d'incendie.

297 **Quels mots** A SAVOIR **désignent :**
1. une chose qu'on ne doit pas faire ; 2. une maison ; 3. un sport de combat ; 4. une chaussure qui monte jusqu'au genou ; 5. une machine pour battre le blé.

298 **Qu'est-ce qui est le plus gros :**
1. une botte ou une bottine ? • 2. une balle ou un ballon ? • 3. une lettre ou un paquet ? • 4. une villa ou une cabane ? • 5. une balle ou une bille ?

299 **Complète ces verbes à l'infinitif.**

arriv... à l'heure, rest... debout, ouvr... les yeux, voul... un jouet, parl... fort, atten... le métro, march... au pas, part... en avion, ren... service, sav... sa leçon.

Réussite : /10

300 **Écris l'infinitif des verbes en écriture penchée.**

L'orage *gronde*. • J'*écris* à mon correspondant. • Je te *cherchais*. • On *fait* la vaisselle. • Elle *répond* correctement. • Tu *peux* réussir si tu *veux*. • Les veaux *grossissent* vite. • Ils *disent* la vérité. Elle *revenait* chaque dimanche.

Réussite : /10

301 **Écris l'infinitif des verbes en écriture penchée.**

Est-ce que tu *vas* à la piscine ? • Elle *viendra* à onze heures. • Il *faut* te coucher tôt. • Au loin, on *voit* les montagnes. • Est-ce que je *mets* mes bottes ? • Il *buvait* du lait. • Je lui *tends* la main. • Je *crois* à cette histoire. • Vous *courez* vite. • On *posera* les plantes ici.

Réussite : /10

A RETENIR

• Les verbes ont tous un infinitif. Quand on écrit un verbe, il faut toujours penser à son infinitif. On le trouve en se demandant : *il s'agit de quoi faire ?*

Elle achète → il s'agit de quoi faire ? d'*acheter* (infinitif).

46 la personne

ÉTUDE DES RÈGLES

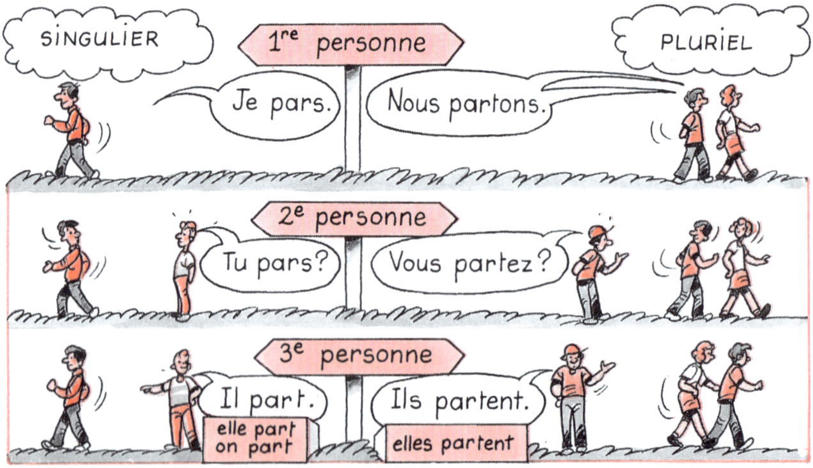

302 **Qui est-ce ? Pour le savoir, trace les flèches qui conviennent.**

Ex. : Elle chante ⟶ Mélanie.

Elle arrive.	Julie	Il entre.	Maman
Elles arrivent.	Éric	Elle entre.	Papa
Il arrive.	Julie et Éric	Ils entrent.	Maman et Papa
Ils arrivent.	Éric et Marc	Elles entrent.	Luc et Nadia
	Julie et Nina		mes sœurs

Réussite : /10

303 **Complète par** je, tu, nous **ou** vous.

... viendrons dimanche, ont écrit Mélanie et Antoine. • Maman demande à papa : « Est-ce que ... as fermé la porte du garage ? » • ... voudrais bien être en vacances, se dit Julien. • ... voulez venir chez moi ? demande Pierre à ses cousins. • ... as tout juste, a écrit la maîtresse sur le cahier de Caroline.

Réussite : /10

A RETENIR

Quand on écrit un verbe, il faut toujours penser à la personne à laquelle il est conjugué.

– Il y a trois personnes au singulier : 1re personne (*je*), 2e personne (*tu*) et 3e personne (*il, elle, on*) ;
– Il y a trois personnes au pluriel : 1re personne (*nous*), 2e personne (*vous*) et 3e personne (*ils, elles*).

A SAVOIR

tenir	punir	parvenir
contenir	grandir	provenir
couvrir	diriger	se souvenir
s'endormir	partir	se munir de
se rendormir	parcourir	

304 **Observe bien les verbes** A SAVOIR. **Il y en a un qui ne se termine pas comme les autres. Lequel ?**

305 **Écris les verbes plus courts qui se cachent dans :**
contenir, s'endormir, parcourir, provenir, se rendormir, parvenir.

306 **Dans les mots** A SAVOIR, **trouve le contraire de :**
réveiller, arriver, lâcher, découvrir, récompenser.

307 **Complète par des mots** A SAVOIR.
On l'a vu ... toutes les rues de la ville. • Il n'a pas voulu ... bottes pour aller dans les buissons. • Il n'arrive pas à ... du nom de son voisin. • Mon chèque a dû te ... lundi. • Je l'ai vu ... à pied.

A SAVOIR

un biscuit	du cuivre	la conduite
cuit	réduire	conduire
cuire	une fuite	un produit
la cuisine	une truite	produire

308 **Copie les verbes qui sont dans les mots** A SAVOIR.

309 **Écris les mots qui se terminent par une lettre muette. Souligne cette lettre.**

310 **Quels mots** A SAVOIR **désignent :**
1. un poisson ; 2. une pièce de la maison ; 3. un petit gâteau sec ; 4. un métal rouge ; 5. du gaz qui s'échappe.

311 **Complète par des mots** A SAVOIR.
Elle a acheté un nouveau ... pour la vaisselle. • Il n'aime pas ... sa voiture la nuit. • Mon morceau de viande n'était pas assez ... . • Il a été arrêté pour ... en état d'ivresse. • Elle utilise une casserole en ... pour faire ses confitures.

47 le temps

ÉTUDE DES RÈGLES

312 **Pour chaque phrase, dis si l'action a lieu dans** le passé**, dans** le présent **ou dans** le futur.

Hier, on a visité une usine. • Demain, nous recevrons nos amis. • L'hiver prochain, j'irai skier. • Dimanche dernier, nous sommes allés au cinéma. • Aujourd'hui, je suis à l'école. • Ce matin, papa a lavé la voiture. • En ce moment, il promène son chien. • L'an prochain, je serai au cours moyen. • Je me baignais souvent, l'été dernier. • Maintenant, j'aime bien lire.

Réussite : /10

313 **Pour chaque phrase, dis si l'action a lieu dans** le passé**, dans** le présent **ou dans** le futur**.**

Quand j'étais petit, je jouais toujours. • Quand je serai grand, je conduirai le camion des pompiers. • Couche-toi, dit maman. • Je te donnerai cette boîte quand elle sera vide. • Est-ce que tu aimes le riz ? • Papa me portait sur ses épaules. • On t'enverra des cartes postales. • Je me suis regardée dans le miroir. • Ils habitent ici. • Vous oubliez vos clés.

Réussite : /10

A RETENIR

Quand on écrit un verbe, il faut toujours savoir à quel temps il est conjugué :

– quand une action se passe en ce moment, le verbe est au *présent* ;
– quand elle a déjà eu lieu, le verbe est à un temps du *passé* ;
– quand l'action aura lieu plus tard, le verbe est au *futur*.

être et avoir au présent de l'indicatif 48

ÉTUDE DES RÈGLES

314 **Complète par le verbe** avoir **ou par le verbe** être.

Il ... un frère. • Nous ... contents. • Nous ... une classe bien décorée. • Ils ... huit ans. • Je ... curieux. • Elle ... amusante. • Tu ... des billes. • J'... un piano. • Vous ... à la gare. • Tu ... fort. Réussite : /10

315 **Complète par le verbe** avoir **ou par le verbe** être.

Les chevaux ... à l'écurie. • Nous ... un bassin avec des poissons. • Cet homme ... vieux. • Il ... une canne. • Vous ... plus grande que moi. • Ces lunettes ... en plastique. • Tu ... un joli collier. • Vous ... une belle voiture. • Nous ... chez mes grands-parents. • Elles ... au cinéma. Réussite : /10

316 **Complète par** ai (avoir), es **ou** est (être).

Mon père ... gentil. • Je n'... pas de vélo. • Tu ... en avance. • Sandrine ... brune. • J'... une boîte en bois. • Il n'... pas encore là. • Elle ... sportive. • Est-ce que tu ... peureux ? • Je n'... plus de chien. • Il n'... pas midi. Réussite : /10

A RETENIR

Je retiens la conjugaison du présent d'*avoir* et *être*.

– avoir : *j'ai, tu as, il a, nous avons, vous avez, ils ont* ;

– être : *je suis, tu es, il est, nous sommes, vous êtes, ils sont.*

A SAVOIR

le souper	nouer	éplucher
un rocher	saluer	écouter
un boucher	léger	secouer
crier	lécher	continuer

317 **Classe ces mots en deux groupes : 1. les verbes ; 2. les noms. Il reste un intrus. Lequel ?**

318 **Vrai ou faux ?**

1. On peut écrire **cirer** avec les lettres de **crier**.
2. On peut écrire **pousser** avec les lettres de **souper**.
3. Le mot **éplucher** change de prononciation si on enlève l'accent aigu de **é**.

319 **Complète ces expressions par un verbe** A SAVOIR**.**

... la radio • ... des pommes de terre • ... ses lacets • ... la tête pour dire non • ... comme une plume. • ... son chemin • se ... les babines • ... quelqu'un de la main.

320 **Quels mots** A SAVOIR **vont bien avec ces mots ?**

un charcutier, le dîner, une roche, hurler, entendre.

A SAVOIR

la bise	une case	en coupant
la brise	une caserne	le suivant
briser	une chose	une promenade
diviser	une surprise	un promeneur

321 **Copie les mots où la lettre** s **se prononce** *z*.

322 **Écris les mots** A SAVOIR **qui ont la lettre** n**. Souligne le** n **quand il se prononce** *n*.

323 **Change les lettres en gras et trouve des mots** A SAVOIR**.**

prise, **b**ase, ca**v**erne, **m**ise, **f**riser.

324 **Complète chaque phrase par un mot** A SAVOIR**.**

Il s'est blessé en ... du bois. • Le pion a avancé d'une ... . • Quelle ... de te revoir ! • La ... est un vent très froid. • La ... est un vent léger. • Le soldat rentre à la ... . • Il faut ... la note par deux. • Au ... ! dit l'infirmière. • Il y a des ... dans les bois. • Il m'a dit quelque ... .

donner	finir	venir
je donne tu donnes il donne nous donnons vous donnez ils donnent	je finis tu finis il finit nous finissons vous finissez ils finissent	je viens tu viens il vient nous venons vous venez ils viennent
faire	**dire**	**prendre**
je fais tu fais il fait nous faisons vous faites ils font	je dis tu dis il dit nous disons vous dites ils disent	je prends tu prends il prend nous prenons vous prenez ils prennent
vouloir	**pouvoir**	**aller**
je veux tu veux il veut nous voulons vous voulez ils veulent	je peux tu peux il peut nous pouvons vous pouvez ils peuvent	je vais tu vas il va nous allons vous allez ils vont

325 **Écris les verbes suivants à la 1re personne du singulier** (je) **et à la 1re personne du pluriel** (nous) **du présent de l'indicatif.**
dire bonjour, prendre une photo, vouloir de l'eau, finir dans une heure, faire des bulles. Réussite : /10

326 **Écris les verbes suivants à la 2e et à la 3e personne du singulier** (tu et il) **du présent de l'indicatif.**
donner les cartes, aller vite, venir de loin, pouvoir parler, apprendre la leçon. Réussite : /10

327 **Écris les verbes suivants à la 2e personne du pluriel** (vous) **du présent de l'indicatif.**
dire, prendre, vouloir, finir, faire, donner, aller, venir, pouvoir, comprendre. Réussite : /10

50 présent de l'indicatif (1)

ÉTUDE DES RÈGLES

328 **Pour chaque verbe, écris toutes les personnes possibles.**

… approchent, … passons, … se sauve, … sonnes, … s'amusent, … dessinez. Réussite : /10

329 **Relève les verbes qui se conjuguent comme** jouer.

danser, courir, sauter, bouger, rire, chanter, conduire, acheter, attendre, rester, donner, perdre, revenir, tourner, voler, vouloir, trouver. Réussite : /10

330 **Complète au présent de l'indicatif.**

Il regard… des images. • Tu march… vite. • Vous partag… ce pain. • La voiture recul… . • C'est Papa qui achèt… le poisson. • On bross… ses dents chaque soir. • Il démont… son vélo. • Ils repass… de temps en temps. • Je te donn… ce livre. • Nous fabriqu… notre colle. Réussite : /10

A RETENIR

- Le temps **présent** indique qu'une action a lieu au moment où l'on parle.
- Au présent de l'indicatif, les terminaisons des verbes en **-er** (comme *jouer*) sont : *-e, -es, -e, -ons, -ez, -ent.*

⚠ finir : nous fini**ss**ons, vous fini**ss**ez, ils fini**ss**ent

331 **Pour chaque verbe, écris toutes les personnes possibles.**
… partez, … s'endorment, … vit, … sais, … conduisons, … écrivez. Réussite : /10

332 **Complète par** s **ou** t.
rire : je ri… finir : je fini… punir : elle puni…
rugir : il rugi… dormir : je dor… Réussite : /5

333 **Complète au présent de l'indicatif.**
Ils sort… du spectacle. • La souris s'enfui… en voyant le chat. • Nous grandiss… beaucoup. • Le poulet cui… dans le four. • Vous inscriv… votre nom sur chaque feuille. • Elle revien… me voir. • Il rougi… quand on lui parle. • Nous cour… de plus en plus vite. • Je t'averti… qu'il y a du verglas. • Je voi… un arc-en-ciel. Réussite : /10

A RETENIR

• Au présent de l'indicatif, les terminaisons des verbes en **-ir** (comme *servir*), en **-oir** (comme *savoir*), en **-re** (comme *lire*) sont : *-s, -s, -t, -ons, -ez, -ent.*

• Les verbes du 2e groupe (comme *finir*) font *-issons, -issez, -issent* aux personnes du pluriel.

52 présent de l'indicatif (3)

ÉTUDE DES RÈGLES

334 **Pour chaque verbe, écris toutes les personnes possibles.**

… descend, … répondez, … vends, … prennent, … apprends. Réussite : /10

335 **Complète au présent de l'indicatif.**

Tu répon… vite.
On compren… bien.
Papa mou… le café.
Il ton… l'herbe.
Je cou… un bouton.

Elles perd… la partie.
La neige fon… au soleil.
Ils entend… la sonnette.
Je repren… du gâteau.
Nous attend… notre tour.

Réussite : /10

336 **Complète.**

Vous vend… du jambon ? • Je pren… un biscuit. • Le paysan fen… du bois. • Ce chien défen… sa maîtresse, mais il ne mor… pas. • On suspen… des mobiles. • Tu appren… à lire. • Ta coiffure me surpren… . • Elles rend… les livres. • Les élèves répond… . Réussite : /10

A RETENIR

• Au présent de l'indicatif, les terminaisons des verbes en **-dre** (comme *attendre*) sont : *-ds, -ds, -d, -ons, -ez, -ent.*

A SAVOIR

jaune	sauver	un homme
mauve	sauvage	une pomme
la gauche	comme	une gomme
un taureau	comment	une somme

337 **Écris les mots** A SAVOIR **où le son** *o* **s'écrit** au.

338 **Complète chaque paire de mots par un mot** A SAVOIR.
la droite et la ... • une vache et un ... • vert et ... • une femme et un ... • une poire et une ...

339 **En changeant la première lettre de** comme, **tu peux trouver quatre mots** A SAVOIR. **Écris-les.**

340 **Quels mots** A SAVOIR **désignent :**
1. un animal ; 2. des couleurs ; 3. un fruit ; 4. un objet utile quand on écrit ; 5. le résultat d'une addition.

341 **Quel mot** A SAVOIR **sert à poser des questions ?**

A SAVOIR

pondre	vendre	une poudre
répondre	pendre	tordre
tondre	coudre	un cadre
fondre	moudre	du cidre

342 **Dans quel mot** A SAVOIR **la lettre** c **ne se prononce pas** *k* **? Pourquoi ?**

343 **Écris les mots qui sont dans les mots** A SAVOIR.
poudre, mordre, vendre, tondre, tendre, pondre, foudre, cadre, coudre, pendre, fendre, fondre, moudre, carte, tordre.

344 **Complète chaque phrase par un mot** A SAVOIR.
J'ai mis sa photo dans un ... . • Le soleil fait ... la neige. • Il faut mélanger cette ... dans un peu d'eau. • Avec des pommes, on obtient du ... . • Elle veut ... le gazon. • Réfléchis avant de ... . • Il vient de se ... le pied dans la cour.

345 **A quels verbes** A SAVOIR **te font penser ces métiers ?**
la couturière, le commerçant, le jardinier, le meunier.

53 présent de l'indicatif : révision

Étude des Règles

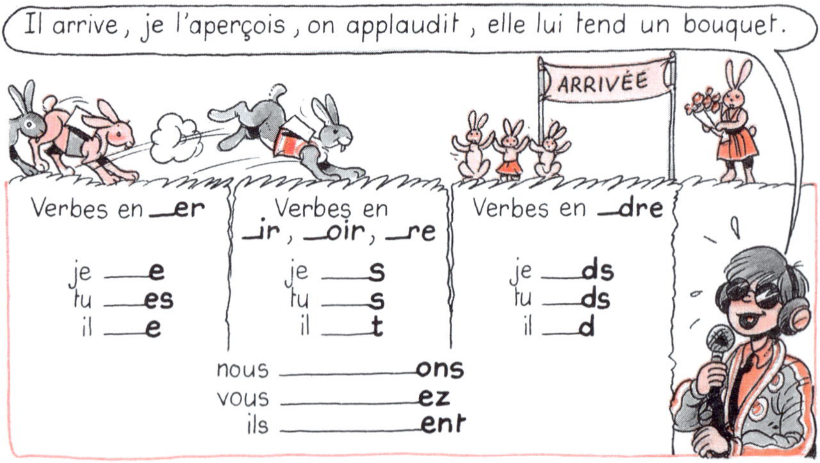

346 **Classe ces verbes comme dans le tableau ci-dessus.**

lire, jouer, attendre, voir, rire, finir, apporter, reprendre, laisser, vendre. Réussite : /10

347 **Écris les verbes de l'exercice 346 à la 1re personne du singulier (je) du présent de l'indicatif.** Réussite : /10

348 **Complète par** e, t **ou** d.

Elle cherch... ses gants.
On appui... fort.
Elle s'endor... .
Papa me répon... .
Agnès grandi... .

On reçoi... ses amis.
Il appren... une leçon.
L'oiseau s'envol... .
Il envoi... un colis.
Cette rose sen... bon.

Réussite : /10

349 **Complète les verbes au présent de l'indicatif.**

Il plant... des sapins. • On par... tout de suite. • Ils verniss... des pots. • Des livreurs apport... la commande. • Nous suiv... le chemin. • Ils attrap... des sauterelles. • On sonn... . • Quand tu ne fai... pas attention, tu per... tout. • Elles boiv... surtout des jus de fruits. Réussite : /10

A SAVOIR

de la farine	la poitrine	enfantin
une épine	une carabine	une mine
une racine	un gamin	une machine
une sardine	masculin	une vitrine

350 **Écris les mots** A SAVOIR **qui contiennent le son** *i*.

351 **Vrai ou faux ? Dans les mots** A SAVOIR **:**
1. Un seul mot a la lettre **u**.
2. On trouve un mot avec deux **r**.
3. On trouve un **c** qui se prononce *s*.
4. Le mot le plus long a sept lettres.
5. Le son *ine* s'écrit toujours avec un seul **n**.

352 **Complète ces expressions par des mots** A SAVOIR.
une ... à écrire • une boîte de ... • un paquet de ... • une ... de rose • les ... d'un arbre • une ... de crayon • une ... de jouets • un ... polisson • un adjectif au ... • se frapper la ... .

353 **Quels mots** A SAVOIR **désignent :**
1. une poudre blanche ; 2. un poisson ; 3. une partie du corps ; 4. une arme ; 5. une partie d'un magasin.

A SAVOIR

un docteur	un menteur	la sueur
l'éleveur	la grandeur	la vapeur
un joueur	un moteur	un vendeur
une lueur	une odeur	la valeur

354 **Copie ces noms en deux groupes : 1. ceux qui sont masculins ; 2. ceux qui sont féminins. Que remarques-tu ?**

355 **Écris les noms qui correspondent aux verbes suivants :**
grandir, élever, vendre, mentir, jouer.

356 **Cinq mots** A SAVOIR **désignent des personnes. Lesquels ?**

357 **Complète ces expressions par des mots** A SAVOIR.
un ... à explosion • un train à ... • la ... d'une bougie • un objet sans ... • être trempé de ... .

54 verbes fondamentaux à l'imparfait

ÉTUDE DES RÈGLES

avoir	être	faire
j' avais tu avais il avait nous avions vous aviez ils avaient	j' étais tu étais il était nous étions vous étiez ils étaient	je **fais**ais tu **fais**ais il **fais**ait nous **fais**ions vous **fais**iez ils **fais**aient
donner	**finir**	**pouvoir**
je donnais tu donnais il donnait nous donnions vous donniez ils donnaient	je fin**iss**ais tu fin**iss**ais il fin**iss**ait nous fin**iss**ions vous fin**iss**iez ils fin**iss**aient	je pouvais tu pouvais il pouvait nous pouvions vous pouviez ils pouvaient
prendre	**dire**	**aller**
je prenais tu prenais il prenait nous prenions vous preniez ils prenaient	je disais tu disais il disait nous disions vous disiez ils disaient	j' allais tu allais il allait nous allions vous alliez ils allaient

358 **Écris ces verbes à la 1re pers. du singulier** (je) **et à la 1re pers. du pluriel** (nous) **de l'imparfait de l'indicatif.**

lui donner raison, pouvoir pêcher, aller à la gare, prendre le bus, avoir le temps.

Réussite : /10

359 **Écris ces verbes à la 3e pers. du singulier** (il **ou** elle) **et à la 3e pers. du pluriel** (ils **ou** elles) **de l'imparfait de l'indicatif.**

faire la roue, finir tard, être ici, tout dire, comprendre vite.

Réussite : /10

360 **Écris ces verbes à la 2e pers. du singulier** (tu) **et à la 2e pers. du pluriel** (vous) **de l'imparfait de l'indicatif.**

avoir dix ans, tout reprendre, être en tête, refaire ce devoir, dire des sottises.

Réussite : /10

imparfait de l'indicatif (1) 55

ÉTUDE DES RÈGLES

361 **Complète à l'imparfait de l'indicatif.**

		Autrefois, souvent :
sonner	→	je sonn..., il sonn...
traverser	→	je travers..., nous travers...
revenir	→	tu reven..., vous reven...
construire	→	il construis..., elles construis...
perdre	→	on perd..., ils perd...

Réussite : /10

362 **Complète à l'imparfait de l'indicatif.**

Souvent, l'an passé :

Je sort... le soir.
Tu écriv... beaucoup.
Il salu... la foule.
On croy... tout savoir.
Elle obéi... bien.

Nous chant... des comptines.
Vous part... tôt.
Ils fleuri... leur magasin.
Elles se promen... à pied.
Les lions rugi... .

Réussite : /10

363 **Écris les verbes aux premières personnes du singulier et du pluriel de l'imparfait** (je, nous).

montrer, tenir, répondre, finir, conduire.

Réussite : /10

A RETENIR

L'imparfait de l'indicatif est un temps du passé. Ses terminaisons sont les mêmes pour tous les verbes : *-ais, -ais, -ait, -ions, -iez, -aient.*

56 imparfait de l'indicatif (2)

ÉTUDE DES RÈGLES

364 **Complète à l'imparfait de l'indicatif.**

Autrefois, souvent :

changer ⟶ je chang..., il chang...
remercier ⟶ tu remerci..., elle remerci...
remplacer ⟶ on remplac..., vous remplac...
ranger ⟶ nous rang..., ils rang...
voyager ⟶ je voyag..., elles voyag...

Réussite : /10

365 **Complète à l'imparfait de l'indicatif.**

Souvent, l'an passé :

Je lac... mes souliers.
Tu trac... des traits.
Il mang... des fruits.
Elle dirig... les autres.
On perc... des trous.

Nous log... à la ferme.
Vous lanc... des balles.
Ils annonc... les résultats.
Elles partag... notre repas.
Je nag... sous l'eau.

Réussite : /10

A RETENIR

- Les verbes terminés à l'infinitif par **-ger** s'écrivent **-ge-** quand la terminaison commence par un **a** : *je plongeais, tu plongeais, il plongeait, ils plongeaient.*
- Les verbes terminés à l'infinitif par **-cer** s'écrivent **-ç-** quand la terminaison commence par un **a** : *j'avançais, tu avançais, il avançait, ils avançaient.*

A SAVOIR

usé	tisser	un garage
l'usage	le tissage	le tabac
laver	le rivage	un voisin
le lavage	le tapage	le voisinage
taper		plonger

366 **Relève les mots** A SAVOIR **qui ont un** s **se prononçant** *z*.

367 **Quels noms** A SAVOIR **correspondent à ces verbes ?**
tisser, taper, laver, user, garer.

368 **Complète ces expressions par des mots** A SAVOIR.
le ... du linge • le ... de la soie • un pneu ... • un paquet de ... • se ... les mains.

369 **Dans ces mots, il y a des lettres en gras. Change-les et tu retrouveras des mots** A SAVOIR.
hisser, **b**aver, **g**avage, **ra**vage, **o**sé.

A SAVOIR

un parent	vivement	une veste
un agent	un moment	l'aviation
un compliment	un mouvement	respirer
une jument	la vente	la respiration
un instrument		

370 **Relève les noms qui se terminent par** -ent.

371 **Écris deux par deux les mots qui vont ensemble.**
vendre, la respiration, se vêtir, la vente, vif, l'aviation, une veste, respirer, un aviateur, vivement.

372 **Dans chaque ligne, il y a un mot qui ne va pas avec les autres. Trouve-le.**
1. une vache - une jument - une chèvre - une poule.
2. un agent - un voleur - un gendarme - un policier.
3. un parent - un ami - un voisin - un inconnu.

373 **Complète par des mots** A SAVOIR.
La guitare est un ... de musique. • Il est arrivé au ... où je partais. • Il a reçu des ... pour sa bonne note. • Il a dit non d'un ... de tête. • Le terrain d'... est loin de la ville.

57 verbes fondamentaux au futur

ÉTUDE DES RÈGLES

avoir	être	faire
j' aurai tu auras il aura nous aurons vous aurez ils auront	je serai tu seras il sera nous serons vous serez ils seront	je ferai tu feras il fera nous ferons vous ferez ils feront
donner	**finir**	**pouvoir**
je donnerai tu donneras il donnera nous donnerons vous donnerez ils donneront	je finirai tu finiras il finira nous finirons vous finirez ils finiront	je pourrai tu pourras il pourra nous pourrons vous pourrez ils pourront
prendre	**venir**	**aller**
je prendrai tu prendras il prendra nous prendrons vous prendrez ils prendront	je viendrai tu viendras il viendra nous viendrons vous viendrez ils viendront	j' irai tu iras il ira nous irons vous irez ils iront

374 **Écris les verbes suivants à la 1re personne du singulier** (je) **et à la 1re personne du pluriel** (nous) **du futur.**
finir ses devoirs, donner du lait au chat, faire le ménage, aller en voiture, prendre le train. Réussite : /10

375 **Écris les verbes suivants à la 3e personne du singulier** (il **ou** elle) **et à la 3e personne du pluriel** (ils **ou** elles) **du futur.**
avoir soif, venir à midi, être heureux, pouvoir entrer, tout refaire. Réussite : /10

376 **Écris les verbes suivants à la 2e personne du singulier** (tu) **et à la 2e personne du pluriel** (vous) **du futur.**
avoir trop chaud, revenir à pied, être en retard, apprendre la leçon, refaire le lit. Réussite : /10

après, demain...

je partirai
tu partiras
il / elle / on partira
nous partirons
vous partirez
ils / elles partiront

terminaisons du futur

je ___rai
tu ___ras
il / elle / on ___ra
nous ___rons
vous ___rez
ils / elles ___ront

377 **Complète au futur de l'indicatif.**

dire ⟶ demain, on dir..., ils dir...
suivre ⟶ tout à l'heure, je suivr..., tu suivr...
lire ⟶ après, tu lir..., vous lir...
recevoir ⟶ plus tard, nous recevr..., elles recevr...
conduire ⟶ dans dix ans, il conduir..., je conduir...

Réussite : /10

378 **Complète au futur de l'indicatif.**

Demain :

Je boir... de l'eau.
Tu voudr... bien ?
Il répon... juste.
Elle construir... un pont.
On attendr... le bus.

Nous recevr... une lettre.
Vous garnir... ce meuble.
Ils moudr... le café.
Elles réunir... la famille.
On dormir... chez eux.

Réussite : /10

379 **Écris les verbes suivants à la 1re et à la 3e personne du singulier du futur.**

remplir la bouteille, comprendre le problème, poursuivre son chemin, vendre sa maison, écrire une carte. Réussite : /10

A RETENIR

Le futur indique une action qui se passera plus tard. Au futur, les terminaisons sont toujours les mêmes : *-rai, -ras, -ra, -rons, -rez, -ront.*

59 futur de l'indicatif (2)

ÉTUDE DES RÈGLES

380 **Complète au futur de l'indicatif.**

Plus tard, tout à l'heure :

parler → elle parl..., elles parl...
tourner → je tourn..., on tourn...
couper → je coup..., ils coup...
marcher → nous march..., vous march...
crier → tu cri..., il cri...

Réussite : /10

381 **Complète au futur de l'indicatif.**

Demain :

Je calcul... ma note.
Tu aval... ces pilules.
Il cach... le trésor.
Elle lèv... le doigt.
On continu... le jeu.
Nous dépens... notre argent.
Vous rentr... à midi.
Ils plong... du tremplin.
Elles sonn... trois coups.
Nous travaill... en silence.

Réussite : /10

A RETENIR

Au futur, beaucoup de verbes gardent l'infinitif entier dans la conjugaison. C'est le cas de tous les verbes du 1er groupe. Avec les verbes comme *jouer*, il ne faut pas oublier le **e** qui est muet : *je jouerai, tu joueras...*

A SAVOIR

de l'eau	la peau	un tableau
beau	un bureau	un moineau
un corbeau	bleu	un écriteau
un chapeau	seul	
un coteau	pleurer	

382 **Écris tous les mots terminés par** -eau.

383 **Trouve les noms féminins parmi les mots** A SAVOIR.

384 **Quels mots** A SAVOIR **désignent :**
1. un petit oiseau ; 2. un gros oiseau noir ; 3. un liquide ; 4. un vêtement ; 5. une table pour écrire ; 6. une petite colline ; 7. une couleur ; 8. une peinture ; 9. une pancarte ; 10. ce qui recouvre la chair.

385 **Devinettes : Qui suis-je ?**
1. On me met sur la tête. 2. On m'admire et on me vend parfois très cher. • 3. Je sais me tenir sur un fil. • 4. J'ai quatre pieds. • 5. Je coule.

A SAVOIR

un ours	un balcon	un chaton
un ourson	un bouchon	un paon
un patron	démonter	un pantalon
pardon	un canon	un moucheron

386 **Deux mots** A SAVOIR **n'ont pas le son** *on* **quand on les prononce. Lesquels ?**

387 **Écris les mots** A SAVOIR **qui ont à la fois** ou **et** on.

388 **Comment appelle-t-on :**
1. le petit du chat ? • 2. le petit de l'ours ? • 3. une sorte de toute petite mouche ? • 4. l'oiseau qui fait la roue ? • 5. l'objet qui bouche une bouteille ?

389 **Complète par des mots** A SAVOIR.
Ils ont chanté un ... à deux voix. • Il est sorti sur le ... pour voir ce qui se passe dans la rue. • Le ... a présidé la réunion. • Elle nous a demandé ... . • Il dort avec un ... en peluche.

60 verbes fondamentaux au passé composé

ÉTUDE DES RÈGLES

avoir	être	aller
j' **ai eu** tu as **eu** il a **eu** nous avons **eu** vous avez **eu** ils ont **eu**	j' ai **été** tu as **été** il a **été** nous avons **été** vous avez **été** ils ont **été**	je suis allé tu es allé il est allé nous sommes allés vous êtes allés ils sont allés
donner	**finir**	**pouvoir**
j' **ai** donné tu **as** donné il **a** donné nous **avons** donné vous **avez** donné ils **ont** donné	j' **ai** fini tu **as** fini il **a** fini nous **avons** fini vous **avez** fini ils **ont** fini	j' **ai** pu tu **as** pu il **a** pu nous **avons** pu vous **avez** pu ils **ont** pu
prendre	**dire**	**faire**
j' ai **pris** tu as **pris** il a **pris** nous avons **pris** vous avez **pris** ils ont **pris**	j' ai **dit** tu as **dit** il a **dit** nous avons **dit** vous avez **dit** ils ont **dit**	j' ai **fait** tu as **fait** il a **fait** nous avons **fait** vous avez **fait** ils ont **fait**

390 **Écris les verbes suivants à la 1re personne du singulier** (je) **et à la 1re personne du pluriel** (nous) **du passé composé.**
donner sa langue au chat, pouvoir l'attraper, prendre l'air, aller au zoo, avoir de la chance. Réussite : /10

391 **Écris les verbes suivants à la 2e personne du singulier** (tu) **et à la 3e personne du singulier** (il **ou** elle) **du passé composé.**
faire une farce, être triste, reprendre le train, dire un mensonge, finir la partie. Réussite : /10

392 **Écris les verbes des exercices 390 et 391 à la 3e personne du pluriel** (ils **ou** elles) **du passé composé.** Réussite : /10

j'	ai	mangé	j'	ai	bu	je	suis	parti
tu	as	mangé	tu	as	bu	tu	es	parti
il	a	mangé	il	a	bu	il	est	parti
nous	avons	mangé	nous	avons	bu	nous	sommes	partis
vous	avez	mangé	vous	avez	bu	vous	êtes	partis
ils	ont	mangé	ils	ont	bu	ils	sont	partis

393 **Complète par** é, u **ou** i.

lire ⟶ Elle **a** l… ces livres.
demander ⟶ Nous **avons** demand… ton nom.
devenir ⟶ Il **est** deven… riche.
penser ⟶ J'**ai** pens… à toi.
grandir, grossir ⟶ Max **a** grand… et gross… .
réussir, savoir ⟶ Tu **as** réuss… : on l'**a** s… hier.
garnir ⟶ Nous **avons** garn… le sapin.
revoir ⟶ Ils **ont** rev… ce film. Réussite : /10

394 **Souligne** avoir **ou** être, **puis complète par** é, u **ou** i.

Ex. : J'ai mangé deux tartines.

J'ai dîn… avec Sylvie. • Il s'est dirig… vers le cirque. • Tu as saut… à la corde. • Il est sort… il y a une minute. • Nous l'avons aperç… dans la rue. • Elle a arrêt… sa voiture. • Il s'est endorm… . • Nous avons cour… . • Je t'ai répond… . • On a jet… des papiers. Réussite : /10

395 **Écris les verbes suivants à la 1re personne du singulier et à la 1re personne du pluriel du passé composé.**

trouver la réponse, punir le chien, tondre l'herbe, secouer les couvertures, vernir la maquette. Réussite : /10

396 **Complète au passé composé.**

Ex. : Nous ... chant... ensemble ⟶ Nous avons chanté.

Ils ... attend... votre lettre. • Elle ... maigr... à cause de sa maladie. • Nous ... recul... dans la côte. • Ils ... perd... le match. • On ... plant... deux cerisiers. • Elles ... bavard... toute la matinée. • La neige ... blanch... les prés. • Il ... arriv... le premier. • On ... suiv... ses traces. • Est-ce que vous ... reten... son numéro de téléphone ?

Réussite : /10

A SAVOIR

reculer	dimanche	un mouchoir
trouver	Noël	une heure
bavarder	vider	un fleuriste
ramener		

397 **Relève les verbes contenus dans la liste ci-dessus.**

398 **Écris les mots** A SAVOIR **dans l'ordre alphabétique.**

399 **Quels mots** A SAVOIR **correspondent à ces définitions ?**

1. Il vend des fleurs. • 2. Objet qui sert à se moucher. • 3. Jour de la semaine. • 4. C'est le 25 décembre. 5. Parler beaucoup.

400 **Complète ces expressions par des mots** A SAVOIR.

Une ... dure soixante minutes. • Tu aurais pu te ... un peu. • Il faut ... vos poches. • Mettez-lui sa laisse, je vais le ... chez lui. • Il s'ennuie : il doit ... le temps long.

401 **Retrouve trois mots** A SAVOIR **en ajoutant une lettre par tiret.**

– i – e –   – a – a – – e –   – r – u – e –

A RETENIR

• Le passé composé indique une action qui est passée.

• Le passé composé est formé de deux mots : un auxiliaire (*avoir* ou *être*) et le participe passé du verbe conjugué.

• Au passé composé, l'auxilaire est conjugué au présent de l'indicatif.

prendre	mettre	dire
une chose qui est prise	une chose qui est mise	une chose qui est dite
j'ai pris	j'ai mis	j'ai dit
il a pris	il a mis	il a dit
avoir pris	avoir mis	avoir dit

402 **Complète les expressions au féminin.**

On a mis → une chose *qui est* mi...
Il a écrit → une lettre *qui est* écri...
Elle a ouvert → une porte *qui est* ouver...
On a appris → une leçon *qui est* appri...
Elle a conduit → une voiture *qui est* condui... Réussite : /5

403 **Ajoute le** s **ou le** t **muet en t'aidant du féminin.**

Une chose qui est **dite** → il a di...
Une rue qui est **interdite** → on a interdi...
Une chose qui est **prise** → j'ai pri...
Une leçon qui est **comprise** → nous avons compri...
Une chose qui est **faite** → on a refai...
Une veste qui est **mise** → il a mi...
Une récompense qui est **promise** → elle a promi...
Une chose qui est **produite** → j'ai produi...
Une maison qui est **construite** → il a construi...
Une personne qui est **assise** → il est assi... Réussite : /10

A RETENIR

Certains participes passés se terminent toujours par **-is** ou par **-it** : *pris, mis, dit.* Pour les reconnaître, il faut penser au féminin qui fait entendre la dernière lettre muette : une chose *qui est* pri**se** → j'ai pri**s**.

63 participe passé en -é / infinitif en -er

ÉTUDE DES RÈGLES

404 **Complète par** é **ou** er **en t'aidant de ce qui est écrit entre parenthèses.**

Il veut (*quoi faire ?*) démont... sa machine.
J'ai (*avoir*) lav... les légumes.
Vous aimez (*quoi faire ?*) dessin... .
Il faut (*quoi faire ?*) écout... .
Je suis (*être*) rest... chez moi.
Je sais (*quoi faire ?*) répar... mon vélo.
Il est (*être*) tomb... et il va (*quoi faire ?*) se soign... .
Nous avons (*avoir*) regard... la télévision.
On a (*avoir*) visit... une usine.

Réussite : /10

405 **Complète par** é **ou** er.

Elle **a** recul... .
Il faut recul... .

Il **a** jou... seul.
Il veut jou... seul.

Ils **ont** plong... .
On vient de plong... .

Il faut achet... le journal.
J'**ai** achet... le journal.

Il va gard... ce livre.
Vous **avez** gard... un livre.

Réussite : /10

406 **Complète par** é **ou** er.

Le réveil a sonn... . • Le réveil va sonn... .
Ma sœur aime trich... . • Mon frère a trich... .
Il doit pioch... . • On a pioch... .
Il a nou... ses lacets. • Il faut nou... les lacets.
Il a soulev... la caisse. • Elle peut soulev... la caisse.

Réussite : /10

407 **Complète par** é **ou** er.

Il a jur… qu'il viendrait.
Catherine aime s'amus… .
Le tigre va s'échapp… .
Il est rest… au jardin.
Ils ont épluch… les légumes.
Le magasin est ferm… .
Qui veut continu… ?
Nous avons couch… sur la paille.
Nadine a bouch… le lavabo.
Il faut conjugu… ces verbes.

Réussite : /10

A SAVOIR

demi
une peine
une pierre
le fils
chacun
une virgule

408 **Écris le mot** A SAVOIR **qui se termine par un** s. **Est-il au singulier ou au pluriel ?**

409 **Quels mots** A SAVOIR **contiennent :**
1. deux fois la lettre **e** ? • 2. deux **r** ? • 3. la lettre **u**, mais pas de **i** ? • 4. à la fois un **u** et un **i** ? • 5. la lettre **i**, mais pas le son *i* ?

410 **Écris ces mots deux par deux en regroupant ceux qui vont ensemble.**
triste, une virgule, un caillou, la peine, la fille, la moitié, une pierre, le fils, un point, demi.

411 **Complète par des mots** A SAVOIR.
Mon cousin est le … de mon oncle. • Ils ont gagné cent francs … . • C'est un escalier en … . • Il a beaucoup de … pour apprendre ses leçons. • Il a bu un …-verre de soda.

A RETENIR

• Un verbe terminé par **-er** est à l'infinitif. Il indique qu'une action va se faire, vient de se faire ou peut se faire.
Pour le reconnaître, on peut intercaler la question *quoi faire ?* juste avant le verbe : *Il veut* ***quoi faire ?*** *plonger*.

• Un verbe terminé par **-é** est au participe passé. Il est conjugué avec *être* ou *avoir*.

A SAVOIR

un banc	planter	blanc
franc	ma tante	blanchir
franche		la blancheur

412 **Relève les mots qui se terminent par une lettre muette.**

413 **Classe les mots** A SAVOIR **en trois groupes : 1. les noms ; 2. les verbes ; 3. les adjectifs.**

414 **Tous les mots** A SAVOIR **contiennent un même groupe de lettres. Lequel ?**

415 **Complète ces expressions par des mots** A SAVOIR.
mon oncle et ma ... • être assis sur un ... • le drapeau bleu, ..., rouge • ... un arbre • donner du linge à ... • être ... avec quelqu'un • un ... de poissons.

A SAVOIR

chaud	un autocar	le plaisir
chaudement	une autruche	du raisin
aussi	un crapaud	une prairie
un autobus	une plaine	avril, mai

416 **Classe ces mots en deux groupes : 1. ceux qui ont** -au- **; 2. ceux qui ont** -ai-. **Quel mot reste-t-il ?**

417 **Écris les deux mots** A SAVOIR **qui se terminent par un** d **muet.**

418 **Écris les noms de la liste ci-dessus, en deux groupes : 1. les noms masculins ; 2. les noms féminins.**

419 **Écris ces mots deux par deux, en regroupant ceux qui vont ensemble.**
avril, une autruche, un autocar, le raisin, la vigne, mai, un autobus, une plaine, une prairie, un crapaud.

420 **Complète par des mots** A SAVOIR.
Il est ... grand que moi. • J'ai accroché un poisson d'... dans son dos. • Je l'ai retrouvé avec ... . • Habille-toi ... . • Le ... est un animal utile.

avoir	être	faire
aie ayons ayez	sois soyons soyez	fais faisons faites
donner	**finir**	**prendre**
donne donnons donnez	finis finissons finissez	pren**ds** prenons prenez
venir	**mettre**	**aller**
vien**s** venons venez	met**s** mettons mettez	va allons allez

421 **Écris les verbes suivants à la 2e personne du singulier de l'impératif présent.**

Ex. : marcher ⟶ marche ; partir ⟶ pars.

donner, faire, finir, venir, prendre, aller, avoir, être, mettre, revenir.

Réussite : /10

422 **Écris les verbes de l'exercice 421 à la 1re personne du pluriel de l'impératif présent.**

Ex. : marcher ⟶ marchons ; partir ⟶ partons.

Réussite : /10

423 **Écris les verbes de l'exercice 421 à la 2e personne du pluriel de l'impératif présent.**

Ex. : marcher ⟶ marchez ; partir ⟶ partez.

Réussite : /10

424 **Écris ces verbes à la 2e personne du singulier et à la 2e personne du pluriel de l'impératif.**

remettre de l'ordre, apprendre par cœur, pardonner cette faute, refaire son lit, définir ce mot.

Réussite : /10

65 impératif présent

ÉTUDE DES RÈGLES

425 **Complète à l'impératif présent.**

		2e pers. du singulier	1re pers. du pluriel
jouer	→	jou...	jou...
suivre	→	sui...	suiv...
sortir	→	sor...	sort...
écouter	→	écout...	écout...
dessiner	→	dessin...	dessin...

Réussite : /10

426 **Complète à l'impératif présent.**

		2e pers. du singulier	2e pers. du pluriel
copier	→	copi...	copi...
tenir	→	tien...	ten...
dormir	→	dor...	dorm...
attendre	→	atten...	attend...
tourner	→	tourn...	tourn...

Réussite : /10

A RETENIR

- L'impératif présent a seulement trois personnes : la 2e personne du singulier, la 1re personne du pluriel et la 2e personne du pluriel.
- Les terminaisons des verbes en **-er** sont : **-e, -ons, -ez**.
- Les terminaisons des autres verbes sont : **-s, -ons, -ez**.

A SAVOIR

vivre	un tigre	un miracle
quatre	du vinaigre	un ongle
grave	mon oncle	une épingle
un groupe	une boucle	une tranche

427 **Dans ces mots, il y a des lettres en gras. Change-les et tu retrouveras des mots** A SAVOIR.

troupe, **b**ranche, bou**ch**e, **l**ivre, **b**rave, ti**t**re, on**c**le.

428 **Quels mots** A SAVOIR **correspondent à ces définitions :**

1. Liquide fabriqué à partir du vin. • 2. Animal à rayures, de la famille du chat. • 3. Deux fois deux. • 4. C'est le père de mon cousin. • 5. Plusieurs personnes ensemble. • 6. Chose extraordinaire que l'on n'attendait pas.

429 **Complète ces expressions par des mots** A SAVOIR.

une ... de nourrice • une ... de pain • marcher à ... pattes • une maladie ... • des ... d'oreilles.

A SAVOIR

une sorte	la corniche	un murmure
une borne	une corde	murmurer
porter	durer	une couverture
une corne	jurer	

430 **Classe ces mots : 1. les verbes ; 2. les noms.**

431 **Dans ces mots, il y a des lettres en gras. Change-les et tu retrouveras des mots** A SAVOIR.

porte, **m**orne, d**o**rer, **b**orde, ju**g**er.

432 **Complète ces phrases par des mots** A SAVOIR.

Elle ne veut pas ... ses lunettes. • La route de la ... domine la mer. • Au tribunal, il faut ... de dire la vérité. • Elle portait une ... de jupe-culotte. • La fête va ... trois jours.

433 **Devinettes : qui suis-je ?**

1. Je suis seule sur la tête du rhinocéros. • 2. Je passe de la bouche à l'oreille sans faire de bruit. • 3. On m'aime bien quand il fait froid, on me repousse quand il fait chaud. • 4. On me voit le long des routes. • 5. Je te fais sauter !

66 terminaisons en -é / -ais, -ait, -aient

ÉTUDE DES RÈGLES

434 **Trace toutes les flèches possibles.**

J'**ai** →	chant**é**.	Il **a**	jou**é**.
Je		Tu	
Elle	chant**ais**.	Ils **avaient**	jou**ais**.
Ils	chant**ait**.	On	jou**ait**.
Elles **ont**	chant**aient**.	Elles	jou**aient**.
Tu **as**			

Réussite : /10

435 **Trace toutes les flèches possibles.**

Je ↘	resté.	Tu	continué.
Je suis		Ils	
Il était	restais.	Nous avons	continuais.
On	restait.	Ils ont	continuait.
Ils	restaient.	Elle	continuaient.
Tu			

Réussite : /10

436 **Complète par** é, ais, ait **ou** aient.

On **a** dessin... .
On dessin... .

Ils fum... trop.
Ils **ont** fum... .

Elles **ont** march... .
Elles march... beaucoup.

Ils copi... une phrase.
Ils **ont** copi... cette phrase.

Le chat **a** léch... son plat.
Le chat léch... son plat.

Réussite : /10

437 **Complète par** é, ais, ait **ou** aient.

Il tomb... souvent.
Il est tomb... .

Il a aval... de travers.
Le chien aval... sa pâtée.

Il s'est cach... dans l'arbre.
On se cach... dans la cave.

Il rest... souvent dehors.
Il est rest... à la maison.

Les ouvriers ont coup... l'eau.
Ils coup... l'eau à chaque réparation.

Réussite : /10

438 **Complète par** é, ais, ait **ou** aient.

Mon équipe a gagn... . • On se mesur... chaque année. • Mon père cir... toujours ses chaussures, le soir. • Il a embrass... ses parents. • Mon voisin a chass... le sanglier. • En classe, l'an dernier, on imprim... un journal. • Le sable est entass... dans la cour. • Autrefois, les enfants se couch... très tôt. • Les scouts ont camp... près de la ferme. • Elle devin... toujours tout.

Réussite : /10

439 **Complète par** é, ais, ait **ou** aient.

Maman m'a racont... une histoire. • Ce chaton est élev... par une lapine. • Mes sœurs dépens... toutes leurs économies. • Il s'est mari... à vingt ans. • Le pré est entour... de grillage. • Je l'aim... beaucoup. • Il ne mange... jamais de pain. • Ce paquet n'est pas destin... à la concierge. • Les poissons se sauv... au moindre bruit. • On n'a pas devin... la solution.

Réussite : /10

A RETENIR

• Un verbe terminé par **-ais**, **-ait** ou **-aient** est conjugué à l'imparfait de l'indicatif.

• Un verbe terminé par **-é** est au participe passé. Il est conjugué avec *avoir* ou *être*.

Transfert

Exercices de révisions

• Les exercices de révisions sont regroupés en **dix fiches** indépendantes. Chaque exercice est accompagné du numéro des règles révisées.

• Chaque fiche prévoit vingt réponses à trouver. Le texte à compléter peut être facilement noté seul, puisqu'il demande dix réponses.

• **Textes à compléter.** Il faut lire entièrement le texte avant de commencer à répondre. Les lettres ou les mots à retrouver sont signalés par trois points de suspension, quelle que soit la longueur de la réponse. Après certains trous, plusieurs solutions sont proposées entre crochets.

1 exercices de révisions

TRANSFERT

1 Texte à compléter. Révision des règles : 35, 37, 43, 55

Le clown. Au cirque Chandelle, j'ét… le clown que les employé… du cirque trouvent toujours dans leu… pieds quand ils sont occup… à monter les cag… des lions. A la grande joie du public, je recev… des gifl… et des coups de pied. J'av… un franc par gifle et deux par coup de pied. Si j'av… été plus solide, j'aurais peut-être pu faire fortune, comme certains boxeu… .

2 On a enlevé deux lettres (a ou e) aux cinq mots suivants. Remets ces lettres. Règle 8

or…ille, bat…ille, bout…ille, corb…ille, trav…iller.

3 Puzzle de syllabes.
Tu peux former cinq mots avec ces syllabes. Trouve-les.

Ex. : 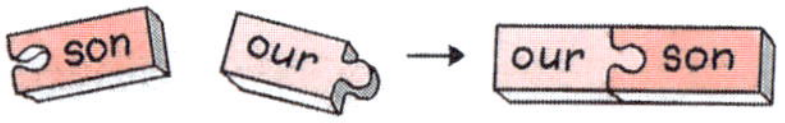

→ ourson

Réussite : /20

1 **Texte à compléter.** Révision des règles : 12, 14, 41, 48

Une vaisselle bien lavée !

– Viens m'aider à laver la vaisselle, CAPI. Je me charge des ta...es et des couverts. Occupe-toi des assiettes.

– Ouah ! approuve CAPI.

Alexandre dépo...e les assiettes sal... en ligne, par terre, et CAPI les lèche une à une, sans y lai...er la moindre peti... trace de nourriture. La vaisselle ... [ai/es/est] vite terminée. Les assiettes, propr... et luisant..., font plaisir à voir.

– Tu ... [ai/es/est] vraiment un bon chien, dit Alexandre, tout en ran...ant [g/ge] les assiettes dans le placard.

2 **Un mot simple peut être reconnu au début de chacun des mots suivants. Trouve ces cinq mots.** Règle 22

Ex. : **toit**ure ⟶ toit

fleuriste, princesse, peureux, bavarder, chanteur.

3 **Farandole des mots.**
La dernière lettre d'un mot doit être la même que la première lettre du mot suivant !

Mots à écrire :

instrument - unité - **requin** - épingle - mai - tableau - **nom**.

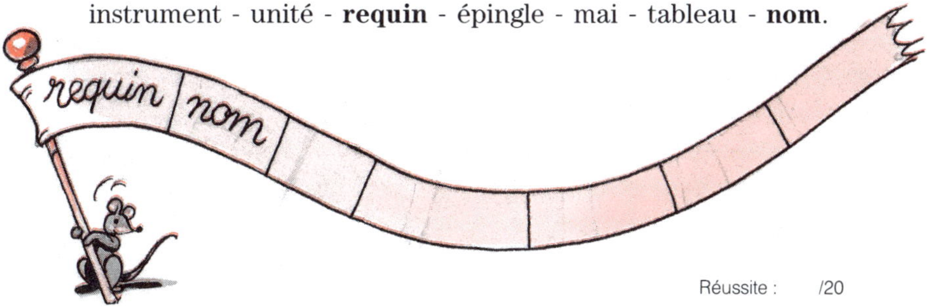

Réussite : /20

3 exercices de révisions

TRANSFERT

1 **Texte à compléter.**

Révision des règles : 30, 34, 51, 63

Le bon roi DAGOBERT,
Avait un grand sabre de fer ;
Le grand Saint Éloi
Lui di... : « O mon roi !
Votre Majesté
Pourrait ... [ce/se] bless... . »
« C'est vrai, lui dit le roi,
Qu'... [on/ont] me donne
un sabre de bois ! »

Le bon roi DAGOBERT
Voulait s'embarqu... sur la mer ;
Le grand Saint Éloi
Lui di... : « O mon roi !
Votre Majesté
... [ce/se] fera noy... . »
« C'est vrai, lui dit le roi,
... [on/ont] pourra cri... :
le roi boit ! »

2 **On a enlevé des lettres (s ou ss) aux cinq mots suivants. Remets ces lettres.**

Règle 12

ba...in, cui...ine, rai...in, bro...e, repa...er.

3 **Puzzle de syllabes.**
Tu peux former cinq mots avec ces syllabes.
Trouve-les.

Réussite : /20

1 **Texte à compléter.** Révision des règles : 37, 40, 52, 55

Vincent et Maman.

– Tu sais, Maman, pour que le monde soit parfait, il faudrait d'abord supprimer les moustiqu… . Et les vipèr…, aussi.

– Pourquoi ?

– Parce qu'elles font du tort aux couleuvr… . On les confon… . Alors, quand on voit une couleuvre, on dit : oh ! la méchan... bête ! S'il n'y av... que des couleuvres, quand on en rencontrerait une, on saurait qu'elle ne mor... pas. Alors, on dirait : oh ! le jol... serpent, et elle serait conten… . Si je pouv... refaire le monde !

2 **Un mot simple peut être reconnu au début de chacun des mots suivants. Trouve ces cinq mots.** Règle 22

clochette, grandir, chaudement, dessiner, longueur.

3 **Farandole des mots.**
La dernière lettre d'un mot doit être la même que la première lettre du mot suivant !

Mots à écrire :

sportif - rond - **dessous** - fruit - dessin - traverser.

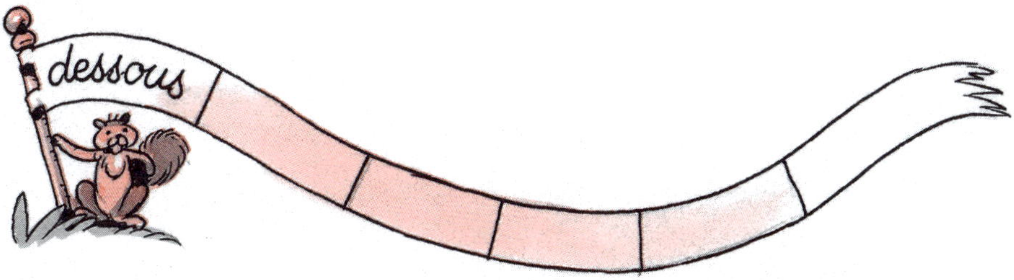

Réussite : /20

5 exercices de révisions

TRANSFERT

1 **Texte à compléter.** Révision des règles : 30, 35, 41, 42

Chasse aux caribous. L'été est la saison de la chasse aux caribous. Ils ... [se/ce] déplacent souvent, et parfois ils travers... les rivières. Les chasseurs les poursuiv... alors avec leur... kayaks rapides, longs et étroit... . Ils les tu... à l'aide du harpon. Aujourd'hui, les jeun... esquimaux utilis... de plus en plus les armes modern..., les fusils, qui tuent de loin. Mais le père de TOUKTOU pens... que ce n'est pas juste. Il faut laisser au caribou une chance de pouvoir échapper au chasseur.

2 **On a enlevé une lettre (e ou è) aux cinq mots suivants. Remets ces lettres.** Règle 17

ch...f, m...rci, probl...me, gil...t, rivi...re.

3 **Puzzle de syllabes.**
Tu peux former cinq mots avec ces syllabes.
Trouve-les.

Réussite : /20

1 **Texte à compléter.** Révision des règles : 26, 44, 53, 63

Chasse au phoque. Le harpon ... [a/à] disparu dans l'eau glacé... . TOUKTOU voi... son père tirer de toutes ses forces sur la corde qui est attaché... au harpon. Vite, il saute du traîneau et va l'aid... à sortir le phoque bless... hors du trou.
« Qu'il est gros ! Quand nous rentrerons ... [a/à] l'igloo, ce sera la fête et nous ferons un grand repas ! »
Le phoque est un animal précieux pour les esquimaux : sa peau donn... le cuir pour les bottes, sa chair est bonne ... [a/à] manger et de sa graisse, on tir... de l'huile pour les lampes.

2 **Un mot simple peut être reconnu au début de chacun des mots suivants. Trouve ces cinq mots.** Règle 22

fortement, hauteur, maisonnette, ourson, muraille.

3 **Farandole des mots.**
La dernière lettre d'un mot doit être la même que la première lettre du mot suivant !

Mots à écrire :
timbre - raisin - **hiver** - utilité - nuit - eau.

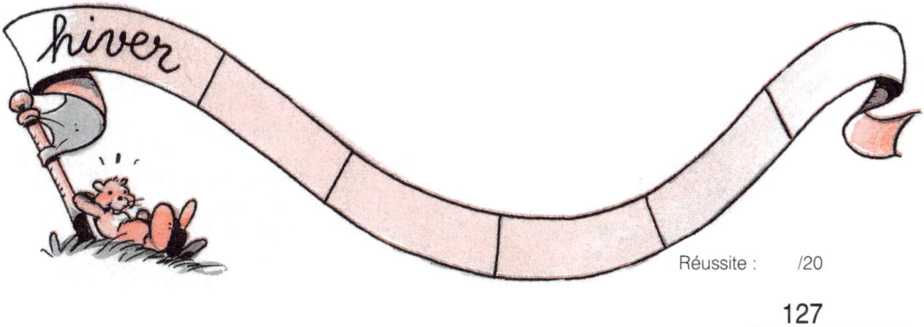

Réussite : /20

7 exercices de révisions

TRANSFERT

1 **Texte à compléter.** Révision des règles : 32, 33, 44, 63

La coccinelle. ... [c'est/cet/cette] hiver, la coccinelle adulte a hiberné. Elle est resté... caché... sous les feuilles mort... ou dans la mousse. Au printemps, elle ... [c'est/s'est] réveillée et elle a pondu sur des plantes plein... de pucerons. Elle a dépos... [é/er] ses œufs en petits tas, au milieu de la colonie d'insectes. Puis la coccinelle, qui a très faim, ... [c'est/s'est] mise à mang... [é/er] . Elle a dévor... [é/er] jusqu'à 260 pucerons par jour ! En plusieurs fois, au cours de sa vie, elle pondra plus de 700 œufs.

2 **On a enlevé des lettres (y ou ll) aux cinq mots suivants. Remets ces lettres.** Règles 8 et 9

pai...e, ra...on, vo...age, bi...et, écai...e.

3 **Puzzle de syllabes.**
Tu peux former cinq mots avec ces syllabes.
Trouve-les.

Réussite : /20

1 **Texte à compléter.** Révision des règles : 26, 27, 41, 49

Quelle voiture choisir ? Un jour, Papa alla passer ... [son/sont] permis. « Il n'y arrivera jamais », di... Maman. Mais il le passa très bien.

– Bon, dit Papa. Maintenant, il nous faut une voiture ... [a/à] nous.

– J'en voudrais une ver..., dit Anne.

– Bleue, elle serait plus joli..., dit Maman, avec des sièges en cuir.

– J'aimerais une auto rouge, dit Marc, avec des phares très gros.

– Je vai... voir ça, dit Papa. Mais une auto ver..., roug... et bleu... avec des sièges en cuir et de gros phares, ce n'est pas facile ... [a/à] trouver !

2 **Un mot simple peut être reconnu au début de chacun des mots suivants. Trouve ces cinq mots.** Règle 22

maîtresse, nuageux, sportif, proprement, rondelle.

3 **Farandole des mots.**
La dernière lettre d'un mot doit être la même que la première lettre du mot suivant !

Mots à écrire :

doux - souvent - radis - nid - **voyageur** - train.

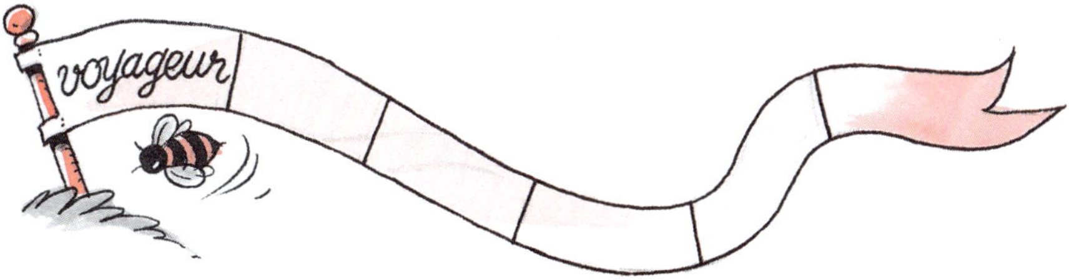

Réussite : /20

9 exercices de révisions
TRANSFERT

1 **Texte à compléter.** Révision des règles : 28, 49, 63, 65

A la bibliothèque. Dans une bibliothèque, on te prête des livres. Tu peu... les lire sur place, ... [ou/où] bien les emport... à la maison et les rendre après. Discut... avec les gens qui travaillent à la bibliothèque. Ils t'aideront à trouv... des livres que tu aimeras. Essai... plusieurs livres avant d'en choisir un. Ne te décourag... pas, tu finiras par trouv... l'histoire qui te plaît ! Dans certaines bibliothèques, il y a « l'heure du conte » : quelqu'un vien... lire une histoire à voix haute, tu peu... écouter.

2 **On a enlevé une lettre (s ou t) aux cinq mots suivants. Remets ces lettres.** Règle 22

pla..., den..., ba..., adroi..., gri... .

3 **Puzzle de syllabes.**
Tu peux former cinq mots avec ces syllabes.
Trouve-les.

Réussite : /20

1 **Texte à compléter.** Révision des règles : 25, 34, 37, 58

Naissance dans un campement. Une vache a mis au monde un petit veau. Son gardien la soigne. Il trait son premier lait qui ... [et/est] très épais. On dirait du lait condensé, comme dans les boît... . Ce lait ser... cuit pour en faire un délicieux fromage que les enfants manger... . Quel régal ! Le deuxième lait, plus léger ... [et/est] plus clair, est pour le veau. Chez les nomades du désert, le lait ... [et/est] la principale nourriture. ... [on/ont] le boit frais ou caillé, avec de l'eau et du sel. ... [on/ont] en fait aussi des fromag... qu'on mange avec des galett... de mil.

2 **Un mot simple peut être reconnu à la fin de chacun des mots suivants. Trouve ces cinq mots.**

Ex. : ra**mener** ⟶ mener

parcourir, rebord, biscuit, madame, minuit.

3 **Farandole des mots.**
La dernière lettre d'un mot doit être la même que la première lettre du mot suivant !

Mots à écrire :

depuis - escalier - taillé - **fatigue** - regard - sujet.

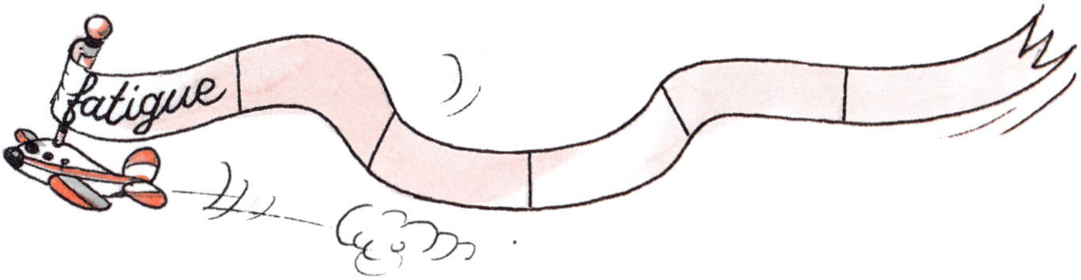

Réussite : /20

Habileté

Exercices de fin d'apprentissage

• Ces exercices sont suivis de **dictées** classiques. Ils entraînent l'élève à acquérir une orthographe rapide et sûre.

• Chaque fiche prévoit trente réponses à trouver. Le texte à compléter peut être facilement noté seul, puisqu'il demande vingt réponses.

• **Textes à compléter.** Il faut lire entièrement le texte avant de commencer à répondre. Les lettres ou les mots à retrouver sont signalés par trois points de suspension, quelle que soit la longueur de la réponse. Après certains trous, plusieurs solutions sont proposées entre crochets.

1 exercices de fin d'apprentissage

HABILETÉ

1 Texte à compléter.

L'œuf en sucre. Paul mit l'œuf en sucre ... [a/à] la place de l'œuf de Maman. Elle tapa sur ... [son/sont] œuf. L'œuf ne ... [ce/se] cassait pas. Elle tapa de plus en plus for... . L'œuf ne ... [ce/se] cassait toujours pas.

– ... [c'est/cet/cette] œuf n'est vraiment pas ordinaire ! dit Maman.

Elle se mit à léch... l'œuf. Il était collant comme un bonbon. Les vrais œufs ne ... [son/sont] pas comme ça. Et voilà qu'il changeait de couleur ! Tou... le monde voulait voir. Tou... les enfants voulai... tap... [é/er] sur l'œuf de Maman.

Papa alla cherch... sa boîte à outils ... [et/est] prit un petit marteau. Il donna un coup sur l'œuf qui se ca...a en morceau... . Sous le sucre, il y avait du chocol... . Et sous le chocol..., il n'y avait rien. Tou... le monde eut un morceau de ... [cet/cette] œuf.

2 Trouve les cinq erreurs du robot : dans chaque phrase, à la place d'un t, il a mis une autre lettre.

1. Donne-moi une **b**ranche de gâteau.
2. Monte en haut de la cour du château.
3. J'ai mal à la fête !
4. Cette histoire a un joli litre.
5. Le berger a pondu tous ses moutons.

3 Mots croisés. Complète la grille en t'aidant des définitions et des dessins.

1. Oiseau noir.
2. Elle fait le miel.
3. Oiseau noir et blanc à longue queue.
4. Insecte qui vole.
5. Oiseau qui dort le jour.
6. Mâle de la cane.

Réussite : /30

1 **Texte à compléter.**

Pourquoi le lézard n'a pas d'oreilles. Un jour, le lézard dit qu'il n'avait pas peur de la panthère. La panthère ... [ce/se] met en colère et lui propose un combat devant tou... les autres animau... . Tou... le monde pense que le lézard sera écrasé par la panthère. Le jour du combat arriv... . Tous les animaux ... [son/sont] réunis. Le lézard ... [et/est] si petit que la girafe, qui est en retard, est obligé... de se tenir sur la pointe des pieds pour le voir. Tous les animaux sont trist... . Ils pens... : « Pauvre petit lézard ! »
Mais quand le combat commence, le lézard sor... un couteau de ... [son/sont] sac, se coupe les deux oreilles et court vers la panthère ... [a/à] à toute vitesse. Quand elle voi... que le lézard ... [et/est] aussi courag..., la panthère a peu..., et elle se sauve au fond de la forêt. Et voilà pourquoi, aujourd'hui, la panthère a peu... du bruit que fait le lézard dans les feuill... . Et voilà pourquoi, depuis ... [ce/se] jour, le lézard n'a pas d'oreilles.

2 **Les syllabes cachées. Dans quel mot trouves-tu chacune des cinq syllabes suivantes :**

ver grav min pei cou

ouvrier, garnir, découverte, grave, mine, pie, peine, gamin, continuer.

3 **Jeu des cailloux.** Avec des cailloux, tu peux dessiner la silhouette d'un mot. Les gros cailloux sont les grandes lettres, les petits cailloux sont les petites lettres et les tout petits cailloux sont les points et les accents.
Trouve le mot qui va dans chaque groupe de « cailloux ».

loin
boue
aile
clou
demi
gris
idée

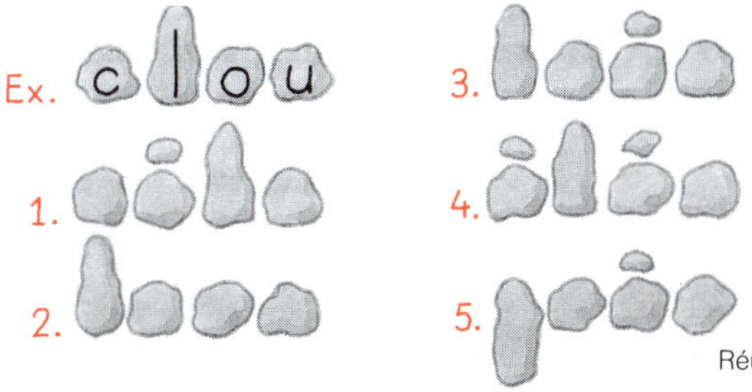

Réussite : /30

3 exercices de fin d'apprentissage

HABILETÉ

1 Texte à compléter.

Un éléphant très malin. Aujourd'hui dimanche, il y a beaucoup de monde autour de la cage de Doudou, l'éléphant. Il en fait le tour pour prendre les friandises qu'on lui ten... à travers les barreau... . Voilà un monsieur qui ramass... un petit caillou, le pli... dans un papier et le donn... à l'éléphant. Doudou le pren... avec sa trompe. Le monsieur se met ... [a/à] rire du tour qu'il vient de jou... à l'animal ... [et/est] il recommence deux ... [ou/où] trois fois à lui donner des petit... caillou... . Maintenant, l'éléphant ... [a/à] soif. Il va boire dans son bassin. Il revient devant le monsieur qui a prépar... un nouveau bonbon-caillou. Alors, Doudou redresse sa trompe ... [et/est] lui crache dessus tou... l'eau qu'il a en réserve. Le monsieur ... [et/est] tout mouillé. Il cri... en ramassant ... [son/sont] chapeau. Autour de la cage, tout le monde rit et ... [se/ce] moque de lui.

2 Trouve les cinq erreurs du robot : dans chaque phrase, à la place d'un p, il a mis une autre lettre.

1. Où est le sucre en foudre ?
2. La vie est un oiseau noir et blanc.
3. J'ai une nièce de dix francs.
4. Où est le mot de confiture ?
5. C'est une histoire de cinquante cages.

3 Mots croisés. Complète la grille en t'aidant des définitions et des dessins.

1. Mâle de la vache.
2. Elle a un long cou.
3. Sorte de lapin qui court très vite.
4. Il a de longues oreilles.
5. Sorte de cheval à rayures blanches et noires.
6. Sorte de très gros chat qui a des rayures.

Réussite : /30

exercices de fin d'apprentissage
Habileté 4

1 **Texte à compléter.**

Cadet Rousselle ... [a/à] trois gros chien... .
L'un cour... au lièvre, l'autre au lapin ;
Le troisième s'enfui... quand ... [on/ont] l'appelle
Comme le chien de Jean de Nivelle :
Ah ! Ah ! Ah ! mais vraiment,
Cadet Rousselle ... [et/est] bon enfant !

Cadet Rousselle ... [a/à] trois beau... cha...,
Qui n'attrap... jamais les ra... ;
Le troisième n'a pas de prunelle,
Il mont... au grenier sans chandelle :
Ah ! Ah ! Ah ! mais vraiment,
Cadet Rousselle ... [et/est] bon enfant !

Cadet Rousselle ... [a/à] marié
Ses trois fill... dans trois quartier... ;
Les deux premiè... ne ... [son/sont] pas bel...,
La troisième n'a pas de cervelle :
Ah ! Ah ! Ah ! mais vraiment,
Cadet Rousselle ... [et/est] bon enfant !

2 **Les syllabes cachées. Dans quel mot trouves-tu chacune des cinq syllabes suivantes :**

cra	der	pre	gne	pio

racine, perdre, proprement, poignet, crapaud, dernier, piocher, montagne, brioche.

3 **Jeu des cailloux (voir consigne, p. 135).**
Trouve le mot qui va dans chaque groupe de « cailloux ».

force
arête
laine
bâton
blanc
cuire
heur

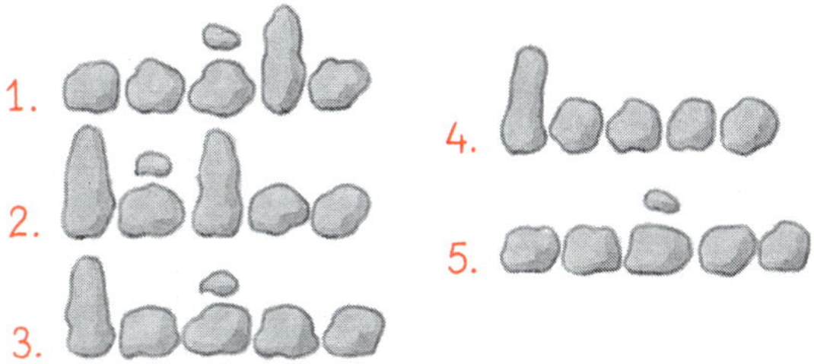

Réussite : /30

5 exercices de fin d'apprentissage

HABILETÉ

1 **Texte à compléter.**

Un lion raconte. « Seigneur lion chassant un jour dans la forêt, se trouva pris dans un piège posé par des braconniers qui pensai… le faire prisonnier. … [ce/se] piège était un grand filet aux mailles solid… et serré… . Les hommes l'avai… caché sous de grand… feuilles de bananier. Mon grand-père … [ce/se] fit attraper. Il eut beau rugir, se débattre, impossible de sortir ses patt… . Il criait, hurl…, rugiss… . La terre, autour de lui tremblait. Tou… les animaux se sauvai… . Seul, un rat qui passait par là, pris de pitié, … [ce/se] rapprocha. C'était une bonne … [et/est] brave bête qui décida, sans hésiter, de délivr… le prisonnier. Ce fut un lon… et rude travail que celui de rong… les mailles du filet. Le rat en eut les dents usé…, mais grand-père lion fut libéré. Depuis lors, qu'il s'agisse de rats … [ou/où] de souris, nous défend… toujours leur vie. »

2 **Trouve les cinq erreurs du robot : à la place d'un l, il a mis une autre lettre.**

1. J'ai pris vingt titres d'essence.
2. On a gagné le gros mot.
3. Il a fait le tour du sac en bateau.
4. J'ai repassé le singe.
5. Donnez-moi une douche de potage.

3 **Mots croisés. Complète la grille en t'aidant des définitions et des dessins.**

1. On met la soupe dedans.
2. Plat fait avec du chou accompagné de charcuterie.
3. Boisson obtenue à partir des pommes.
4. On met le sucre dedans.
5. Jeune coq.
6. On s'assoit autour pour manger.

Réussite : /30

1 **Texte à compléter.**

La guenon BRODEQUINE. On était vraiment bien au cirque Chandelle et, sans la so...ise [t/tt] de la guenon Brodequine, j'y serais toujours resté. Mais un soir, au lieu de galop... sagement sur le dos du chien comme à chaque séance, elle bondit dans le public et a...acha [r/rr] la perruque de la reine du Portugal qui ... [ce/se] trouvait dans la première loge. La reine, furieu..., fit fermer le cirque. Brodequine alla finir au zoo, ... [et/est] le dimanche, quand j'allai... la voir, elle s'agrippai... aux barreau..., s'agitai... et pleurai..., car le zoo, pour les sing..., c'est comme la pension pour les enfants. Je fus même obligé, un dimanche, de grond... un gamin qui passait ... [son/sont] bras entre les barreau... :
– Gamin, tu voi... bien l'écriteau qui défen... de donner des noisett... aux singes !
Mais il répondit :
– Je ne lui en donn... pas, je lui en pren... !

2 **Trouve les cinq erreurs du robot : dans chaque phrase, à la place d'un** r**, il a mis une autre lettre.**

1. Vive le roi et la peine !
2. Il avait des cheveux d'un joli doux.
3. Les matins montent sur le bateau.
4. Les joues de mon vélo sont dégonflées.
5. La voiture coulait à 100 kilomètres à l'heure.

3 **Jeu des cailloux (voir consigne, p. 135).**
Trouve le mot qui va dans chaque groupe de « cailloux ».

adroit
balcon
barque
devant
donner
lettre
moment

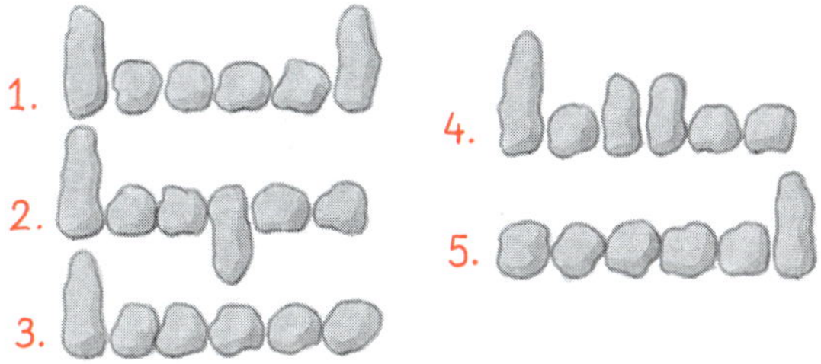

Réussite : /30

1 Texte à compléter.

La légende du chat. … [c'est/cet/cette] légende … [ce/se] passe il y a très, très longtemps. Lorsque Noé construisit … [son/sont] arche, il embarqua un couple de tou… les animaux du monde. Il ne prit pas de chats, parce que les chats n'existai… pas encore. La pluie … [ce/se] mit à tomb… et tou… les terres furent inondé… . Sur l'arche de Noé, les rats et les souris firent tant de peti… que, bientôt, il ne resta presque plus à mang… pour les autres animaux. Noé, désespéré, s'en alla trouv… le lion, le roi des animaux, … [et/est] il lui demanda de l'aider. Le lion réfléchit, … [ce/se] gratta la tête et éternua. Deux tout petits lion… sortirent de ses narines : c'étaient les deux premier… chats du monde ! Ils se mirent aussitôt en chasse, tuèrent beaucoup de rats … [et/est] de souris. Les autres eurent si peur qu'ils se cachèrent. … [on/ont] ne les vit plus jamais. Ainsi, les deux premier… chats étai… nés.

2 Les syllabes cachées. Dans quel mot trouves-tu chacune des cinq syllabes suivantes :

gre   lé   poi   vre   rou

lèvre, poitrine, léger, ouvert, tigre, pointe, retrouver, rond, rouler.

3 Mots croisés. Complète la grille en t'aidant des définitions et des dessins.

1. Légume qui se mange avec une sauce vinaigrette.
2. Se dit d'un arbre qui donne des fruits.
3. Si j'ajoute … fleur, c'est un légume, mais si j'ajoute … à la crème, c'est un gâteau.
4. Fruit de l'abricotier.
5. Légume vert, petit et rond.
6. Fruit que l'on trouve en grappe.

Réussite : /30

1 **Texte à compléter.**

Qui a disparu ? Des aboiements furieux … [et/est] désespérés à la fois, s'élèv… tout à coup dans une rue déser… du village. Il … [et/est] quatre heur… de l'après-midi. Les enfants … [son/sont] encore à l'école. Et il n'y a pas un curieux pour mettre … [son/sont] nez à la fenêtre.
– Woua ! Woua !
Les aboiements … [ce/se] font plus aigu…, comme si le chien s'étranglai… maintenant au bout de sa laisse. Puis, d'un coup, plus rien ! Au même instant, … [a/à] la mairie, le téléphone sonne, faisant sursaut… le maire, assis à … [son/sont] bureau. Il cri… à sa secrétaire :
– Josette ! Le téléphone !
Mais le téléphone continu… de sonn… . Josette ne décroch… toujours pas. Et le téléphone insiste ! Le maire … [ce/se] lève, pouss… la porte du secrétariat. Pas étonnant que le téléphone sonne encore. Josette n'… [et/est] pas là.

2 **Trouve les cinq erreurs du robot : dans chaque phrase, à la place d'un** p**, il a mis une autre lettre.**

1. Il boit sa grenadine avec une maille.
2. Il avait un fou dans les cheveux.
3. La poule a tondu un œuf.
4. La rue est en fente douce.
5. Ça ne vaut pas la reine !

3 **Jeu des cailloux (voir consigne, p. 135).**
Trouve le mot qui va dans chaque groupe de « cailloux ».

asperge

briquet

chapeau

diriger

fatigue

insecte

produit

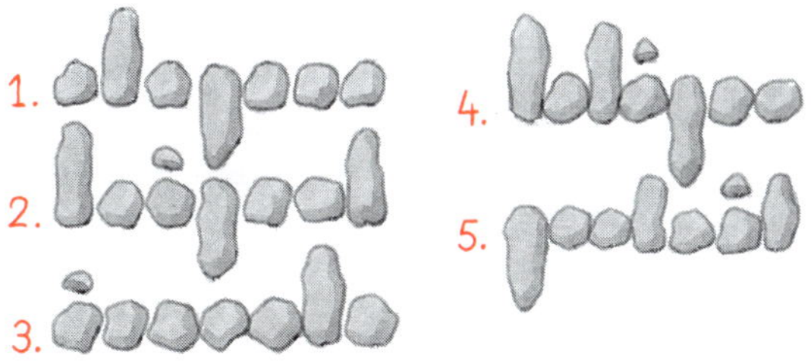

Réussite : /30

9 exercices de fin d'apprentissage

HABILETÉ

1 Texte à compléter.

La pièce magique. Un visage venait d'apparaître sur la surface du métal. Karim ... [ce/se] pencha. Il vit boug... les lèvres du magicien comme s'il avait cherché ... [a/à] lui parler. Mais il n'entendit rien.

– Parle plus for... ! lui cria-t-il.

Sa voix ... [ce/se] perdit dans l'air froi... du désert. Karim fri...onna. Il comprenait que ... [son/sont] oncle avait usé de tou... sa magie pour essayer de l'aider. Et il devinai... bien aussi qu'il voulait lui indiqu... la marche à suivre pour retrouv... le pays magique.

Il ... [ce/se] pencha encore, jusqu'à touch... le visage sur la surface poli... du métal. Les lèvres de ... [son/sont] oncle bougeaient lentement. Que disait-il ? Karim essaya de déchiffrer les mots qui se formai... devant lui. Mais il ne réussit pas à lire sur ... [ces/ses] lèvres, sauf un mot qui semblai... revenir plusieurs fois dans la phrase. Et ... [ce/se] mot était le mot « magique ».

2 Les syllabes cachées. Dans quel mot trouves-tu chacune des cinq syllabes suivantes :

for   net   dre   sur   tim

fromage, adroitement, superbe, forme, robinet, timide, tordre, surprise, timbre.

3 Mots croisés. En complétant les phrases, tu trouveras les mots qui permettent de remplir la grille.

1. On peut ... avec un crayon.
2. On jette les papiers dans la ... .
3. On écrit sur du ... .
4. J'écris au tableau avec une ... .
5. Celui qui va à l'école est un ... .
6. Mes dessins ont de belles couleurs grâce à mes f... .

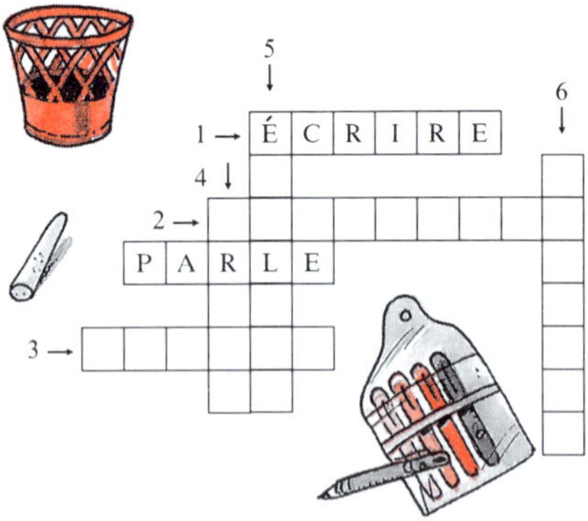

Réussite :   /30

1 **Texte à compléter.**

Pourquoi le tigre a des rayures. Il y a très longtemps, les animaux avaient décid... [é/er] de faire la paix. Le lion ne man...ait [g/ge] plus l'antilope, les oiseau... ne man...aient plus les mouches et les vers. C'était la paix. La souris couchait à côté du chat. Le lièvre dorm... à côté du serpent. Mais, un jour, en ... [ce/se] promenant au bor... de la rivière, le tigre voit l'antilope. Comme il ... [a/à] très faim, il bondi... sur elle et la mange. En apprenant ... [c'est/cet/cette] nouvelle, tout le monde ... [et/est] mécontent dans la forêt, parce qu'... [on/ont] sait que la guerre va recommenc... . Mais comment punir le tigre qui ... [et/est] le plus fort des animaux ? Devinez.
Eh bien, ce sont les lianes qui ... [on/ont] puni le tigre. Pendant qu'il marche sur le sentier, les lianes descend... des arbres, attrap... le tigre, ... [et/est] le serrent si fort que depuis ... [ce/se] temps-là, il y a des rayures noir... sur le dos du tigre.

2 **Trouve les cinq erreurs du robot : dans chaque phrase, à la place d'un** c**, il a mis une autre lettre.**

1. Je sais **m**oudre les boutons.
2. J'ai mangé une maille rôtie.
3. Les étoiles brillent dans le miel.
4. Le lion était enfermé dans une page.
5. Il passa une douche de peinture sur le meuble.

3 **Jeu des cailloux** (voir consigne, p. 135).
Trouve le mot qui va dans chaque groupe de « cailloux ».

acheteur
brouette
décembre
échapper
moutarde
parvenir
roulette

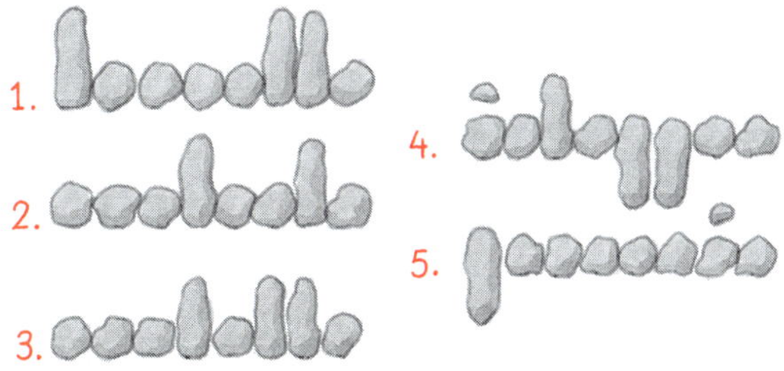

Réussite : /30

Dictées

1. Sauvé !

Maman *panthère*
arrive près du trou
où son petit est tombé.
Les chasseurs ont peur.
Ils se sauvent vite, vite.
La maman prend le *polisson*
et le ramène chez lui.

D'après J. Villain, *Les petites panthères*, Les Albums du Jeune Soleil, Hatier.

Mots hors programme : *une panthère, arriver, polisson.*

2. La fermière et la poule

Une poule pondait
chaque jour un œuf.
La fermière se dit :
si je lui donne
deux fois plus de *grain*,
elle pondra deux œufs !
Mais la poule
devint trop grasse
et *s'arrêta* de pondre.

D'après L. Tolstoï.

Mots hors programme : *le grain, elle devint, trop, elle s'arrêta.*

3. Éloa et le poisson

Éloa est une petite fille.
Elle a un ami,
un gros poisson.
Il sort la tête de l'eau
pour lui dire bonjour.
Elle lui donne du pain.
Le poisson va chercher
au *fond* de la mer
de jolis *coquillages*
pour *Éloa*.

D'après D. Delafosse, *Éloa et le poisson*, Les Albums du Jeune Soleil, Hatier.

Nom propre et mots hors programme : *Éloa, le fond, un coquillage.*

4. Le rouge-gorge

Le *rouge-gorge* est au verger :
Ah ! qu'il est joli, le voleur !
Il ne *pèse* pas plus que plume
Et le vent le *balance* à son *gré*,
Comme une fleur.
Ah ! qu'il est joli le voleur
De prunes !

Tristan Klingsor, *L'escarbille d'or*, R. Chiberre.

Mots hors programme : *le rouge-gorge, ah !, peser, balancer, à son gré.*

5. Il pleut, bergère

Il *pleut*, il *pleut*, *bergère*,
Rentre tes blancs moutons ;
Allons à ma *chaumière*,
Bergère, vite, allons !
J'*entends* sur le *feuillage*
L'eau qui coule à grand bruit ;
Voici venir l'orage,
Voilà l'*éclair* qui *luit*.

Carabi Toto Carabo,
coll. Albums Amitié,
G.T. Rageot.

Mots hors programme : *pleuvoir, une bergère, une chaumière, entendre, le feuillage, un éclair, luire.*

6. Par-dessus le toit

Le ciel est, *par-dessus* le toit,
Si bleu, si *calme* !
Un arbre, *par-dessus* le toit,
Berce sa *palme*.

La cloche dans le ciel qu'on voit
Doucement tinte.
Un oiseau sur l'arbre qu'on voit
Chante sa *plainte*.

Verlaine.

Mots hors programme : *par-dessus, calme, bercer, une palme, doucement, tinter, une plainte.*

7. Le chat retrouvé

Le petit chat est revenu !
J'en ai donné la *nouvelle* à tout le voisinage,
occupé depuis trois jours du petit chat perdu.
– Vous n'*auriez* pas vu un petit chat, petit comme *ça* ?
Il a partout des *raies* et des *raies* et, sur le devant,
une bavette blanche. C'est *Grignoulet* qu'on l'*appelle*.

Colette, *Journal à rebours*, Fayard.

Nom propre et mots hors programme : *Grignoulet, une nouvelle, occupé, vous auriez, ça, une raie, on appelle.*

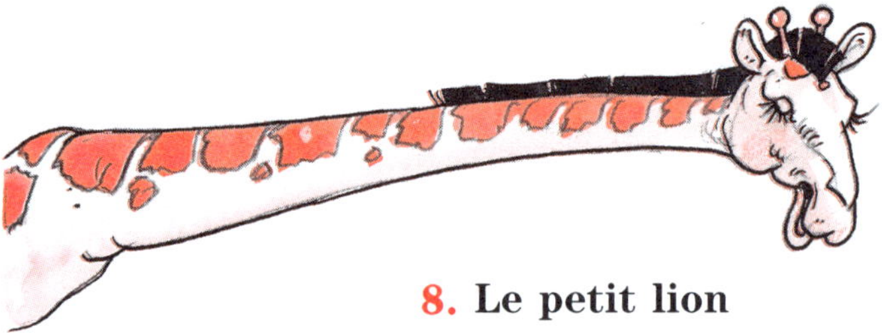

8. Le petit lion

Le petit lion *attend* sa mère, mais elle ne vient pas.
Il a peur et il pleure. Une girafe passe. Elle lui dit :
– Ne pleure pas, petit lion. Je vais retrouver ta mère.
La girafe a un long cou. Sa tête est plus haute
que les arbres. Elle regarde et elle voit, au loin,
la maman *couchée* dans l'herbe.

D'après D. Delafosse, *Le petit lion*,
coll. Les Albums du Jeune Soleil, Hatier.

Mots hors programme : *attendre, couché.*

9. La neige arrive

Quand la neige est venue,
Claire était à l'école.
Les *flocons* blancs tombaient devant la fenêtre.
De la neige, encore de la neige.
Le ciel était *plein* de neige.
Elle tombait sans faire de bruit.
Bientôt le bord des fenêtres *fut* tout blanc.
Chaque *poteau* dans la cour avait un chapeau de neige.

J.-M. Neill, *La première neige*, Hatier.

Nom propre et mots hors programme : *Claire, un flocon, plein, bientôt, fut, un poteau.*

10. Les chenilles

Robert met la feuille de salade dans la *boîte d'allumettes*.
Il *pose dessus* les deux chenilles. Elles ont l'air content.
« Elles vont avoir des petits, se dit *Robert*. *Ça* fera
des *millions* de papillons qui voleront dans ma chambre
comme un feu *d'artifice*. Alors j'ouvrirai la fenêtre
et ils iront sur les fleurs. »

D'après L. Berg, *L'histoire d'Agnès*, Hatier.

Nom propre et mots hors programme : *Robert, il met, une boîte, une allumette, poser, dessus, ça, un million, (un feu) d'artifice.*

11. L'âne

C'est très amusant de regarder
comment l'âne *pose* ses pieds quand il *trotte* :
deux à terre à la fois,
les deux autres en l'air, du même côté.
Au *galop*, il soulève trois pieds à la fois,
un *pas* sur trois,
mais il faut bien regarder pour pouvoir *compter*,
car *cela* va très vite.

D'après Anne-Marie Pajot, *Têtu le petit âne*, coll. Ami-Amis, Hatier.

Mots hors programme : *poser, trotter, le galop, un pas, compter, cela.*

12. Pour faire une tarte

Tu *prépares* une pâte légère
avec de la farine, de l'eau et du beurre.
Tu *étends* la pâte,
puis tu garnis le *dessus* avec des pommes
coupées en tranches fines.
Tu fais cuire la tarte dans un four.
Après, tu *étales* sur les pommes
de la confiture d'abricots,
et toute la famille se *régale*.

Mots hors programme : *préparer, étendre, dessus, étaler, régaler.*

13. Le soleil veut se marier

Non loin de l'église, dans un jardin fleuri, une belle rose rouge *attire* tous les regards.
– C'est la femme qu'il me *faut*, se dit le soleil.
Un papillon se *pose* sur la rose, puis un autre le *remplace*, suivi d'une abeille.
– Non, *vraiment, soupire* le *rayon* de soleil. Une femme qui *reçoit tant* de visites n'aura pas le *temps* de *s'occuper* de moi.

D'après S. Reinheimer, *Soleil qui rit, ciel qui pleure*,
coll. Ma Première Amitié, G.T. Rageot.

Mots hors programme : *attirer, il faut, poser, remplacer, vraiment, soupirer, un rayon, recevoir, tant, le temps, s'occuper.*

14. Dans l'espace

Julienne pédale dans l'*espace*, sur un vélo *cosmique*.
Pour ne pas avoir froid aux oreilles,
il faut *mettre* quatre *bonnets* les uns sur les autres.
Pour ne pas avoir froid aux mains,
il faut au moins douze paires de *moufles*.
Pour avoir les pieds au chaud,
il faut bien *quarante*-cinq *chaussettes* de *vraie* laine
à chaque pied.

D'après M.-H. Fraïssé, *Julienne et le vélo cosmique*,
coll. Ma Première Amitié, G.T. Rageot.

Nom propre et mots hors programme : *Julienne, pédaler, l'espace, cosmique, mettre, un bonnet, une moufle, quarante, une chaussette, vrai(e).*

15. Amilcar, le cochon d'Inde

Savez-vous qu'*Amilcar* peut manger une salade presque aussi grosse que lui ? *Annette* ne se voit pas en train de manger une *assiette* de purée aussi grosse qu'elle. *Amilcar* aime les *carottes*, toutes les salades, les pommes et les *choux*, la verdure, les *graines* et le *persil*. Il aime aussi le son et les *flocons d'avoine*, mais pas du tout la soupe, le chocolat ou la viande.

D'après A.-M. Pajot, *Amilcar, le cochon d'Inde*,
coll. Ami-Amis, Hatier.

Noms propres et mots hors programme : *Amilcar, Inde, Annette, une assiette, une carotte, un chou, une graine, le persil, un flocon d'avoine.*

16. Le fruit

Mariam a trouvé un beau fruit.
Elle le garde pour sa mère.
Sa mère l'*offre* à son fils
quand il rentre de la chasse.
Le soir, le fils le donne à son père
qui a travaillé dans les *champs*.
Mais papa *pense* à sa petite fille,
et il lui donne le fruit.
Mariam rit et dit :
– Je vais le couper en quatre
et nous allons le manger *ensemble*.

D'après G. Effimbra, *Mariam et la papaye*,
coll. les Albums du Jeune Soleil, Hatier.

Nom propre et mots hors programme : *Mariam, offrir, un champ, penser, ensemble.*

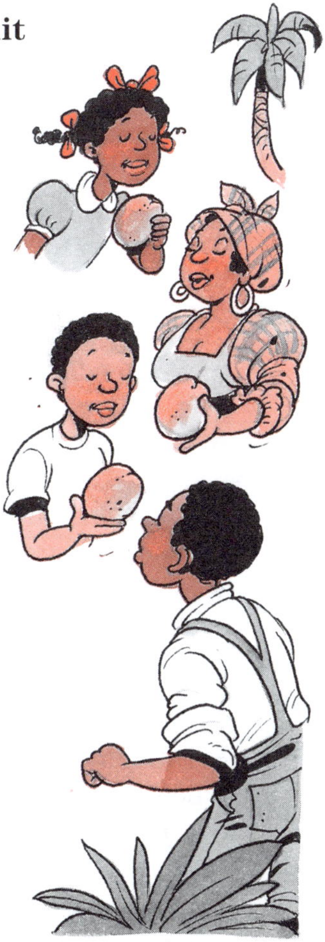

17. La petite pintade

La petite *pintade* veut aller danser.
Mais elle est triste car sa robe est grise.
Elle va chez son oncle le coq :
il lui donne deux plumes rouges.
Elle va ensuite chez son oncle le canard :
il lui donne trois plumes vertes de son cou.
Elle va enfin chez son cousin le *perroquet* :
il lui donne quatre plumes bleues.
– Merci, merci, dit la petite *pintade*.
Comme je suis jolie, maintenant.

D'après N. Py, *La pintade*,
coll. les Albums du Jeune Soleil, Hatier.

Mots hors programme : *une pintade, un perroquet.*

18. Gouttes de pluie

– Vous êtes *méchantes*, *gouttes* de pluie,
crie la petite fille.
– Mais non, nous sommes très utiles.
Regarde ce toit comme il est propre *grâce* à nous.
Et ces oiseaux comme ils sont contents
de se laver dans les *flaques*.
Les petites *gouttes* parlent des rues
pleines de *poussière*,
des arbres et des fleurs qui ont soif.
– Pauvres fleurs, murmure la petite fille.
Vous avez eu *raison* de venir, *gouttes* de pluie.

S. Reinheimer, *Soleil qui rit, ciel qui pleure*,
coll. Ma Première Amitié, G.T. Rageot.

Mots hors programme : *méchant, une goutte, grâce à, une flaque, plein, la poussière, raison.*

19. Pour faire le portrait d'un oiseau

Peindre d'abord une cage
avec une porte ouverte
peindre ensuite...
quelque chose de beau
quelque chose d'utile...
pour l'oiseau.
Placer ensuite la toile contre un arbre
dans un jardin...
ou dans une forêt.
Se cacher derrière l'arbre
sans rien dire
sans *bouger*.
Attendre que l'oiseau entre dans la cage
et *quand* il est entré
fermer *doucement* la porte avec le *pinceau*.

D'après J. Prévert, *Paroles*, Gallimard.

Mots hors programme : *peindre, d'abord, quelque, placer, bouger, attendre, quand, doucement, un pinceau.*

20. Le vent a fait le tour du monde

Le vent a fait le tour du monde,
a *cueilli* toutes les fleurs de Chine,
des roses, des *mauves*, des *blondes*, des grises.
Le jour, la nuit, voici le vent pour tout le monde.

Le vent a fait le tour du monde,
a *cueilli* toutes les feuilles en *France*,
des *brunes*, des vertes, des bleues, des blanches.
La nuit, le jour, voici le vent pour tout le monde.

Le vent a fait le tour du monde,
a *cueilli* tous les fruits d'ici,
des jaunes, des rouges, des noirs aussi.
Ni jour, *ni* nuit, et c'est l'orage pour *ceux* d'ici.

Paul Fort, *Ballades françaises*, Flammarion.

Noms propres et mots hors programmes : *Chine, France, cueillir, mauve, blond, brun, ni, ceux.*

Test final

Passe ce test sans dictionnaire et sans regarder dans le livre. Tes erreurs t'indiqueront quelles sont les règles que tu dois encore réviser.

1. **Complète les mots par** s **ou** ss**.**
   une chai...e   une table ba...e

2. **Conjugue ces verbes à la 2ᵉ personne du singulier du présent de l'indicatif.**
   coudre : tu ....   rester : tu ....

3. **Accorde les noms et le verbe.**
   Les skieur... port... des lunette... de soleil.

4. **Choisis entre** a **ou** à **pour compléter.**
   Elle rentre ... cinq heures.

5. **Réécris cette phrase en remplaçant le nom masculin par le nom féminin correspondant.**
   Mon voisin est un homme courageux.
   Ma ....

6. **Complète par** c **ou** ç**.**
   Mer...i, dit le gar...on.

7. **Que manque-t-il :** leur **ou** leurs **?**
   Ils avaient emporté ... cadeaux.

8. **Accorde les adjectifs.**
   Je vois deux joli... bateaux avec des voiles blanc... .

9. **Choisis entre** son **et** sont **pour compléter.**
   Pascal a perdu ... ballon de foot.

10. **Dis à quel temps le verbe** marcher **est conjugué.**
    Hier, nous avons marché pendant trois heures.
    ....

11. **Que manque-t-il :** ay, aill **ou** eill **?**
    On a t...é les cr...ons de couleur.

12. Écris ces noms au pluriel.
un clou, des .... un taureau, des ....

13. Complète au présent de l'indicatif.
faire : je .... , vous ....
aller : je .... , nous ....

14. Accorde le participe passé.
Elle est parti... avec ses frères.

15. Complète par on **ou par** ont**.**
Ses parents ... une voiture rouge.

16. Conjugue le verbe écouter **aux trois personnes de l'impératif.**
C'est un ordre : ....

17. Écris l'infinitif du verbe conjugué dans : « Vous serez sage. »
Le verbe conjugué est le verbe ....

18. Remplace chaque rond noir par une virgule, un point **ou** un point d'interrogation**.**
– Veux-tu une brioche • un croissant ou un pain au chocolat •

19. Complète le verbe par é, er **ou** ait**.**
Hier soir, il s'est couch... très tôt.

20. Écris le verbe chercher **à la 1re personne et à la 3e personne du singulier du futur.**
Demain, je .... , il ....

Corrige ton test. Entoure les numéros des questions où tu as tout juste. Souligne les autres en rouge.

1. R12	**2.** R53	**3.** R37, R42	**4.** R26	**5.** R39, R40
6. R14	**7.** R35	**8.** R41	**9.** R27	**10.** R61
11. R8, R9	**12.** R37, R38	**13.** R49	**14.** R43	**15.** R34
16. R65	**17.** R45	**18.** R21	**19.** R63, R66	**20.** R59

Calcule ta note : **.../20** (1 point par question entièrement réussie).

Note les numéros des règles à réviser. (Ce sont celles qui figurent à côté des numéros soulignés en rouge.)

Liste des règles étudiées

Notions de base

Usage

Homophones grammaticaux

Genre et nombre

Formes verbales

Références des ouvrages cités

Exercices de révisions

1 D'après G. Zucconi, *Scaramacca*, Hatier.

2 D'après A.-C. Vestly, *Alexandre Zim Boum Boum*, coll. Ma Première Amitié, Rageot.

3 *Carabi Toto Carabo*, coll. Albums Amitié, Rageot.

4 D'après F. Mallet-Joris, *La maison de papier*, Grasset.

5 D'après *Sept enfants du monde*, Les livres du soleil, CEDA-Hatier.

6 D'après *Sept enfants du monde*, Les livres du soleil, CEDA-Hatier.

7 Extrait de *Connais-tu les insectes ?*, Hatier.

8 D'après D. Robertston, *La nouvelle voiture*, Hatier.

9 Extrait de *J'aime lire*, n° 34, Bayard-Presse.

10 D'après *Sept enfants du monde*, Les livres du soleil, CEDA-Hatier.

Exercices de fin d'apprentissage

1 D'après L. Berg, *L'histoire de Paul*, Hatier.

2 Extrait des *Contes du père voilà pourquoi*, Les livres du soleil, CEDA-Hatier.

3 D'après un extrait de *La protection des animaux*, revue de la S.P.A. de Lyon.

4 *Carabi Toto Carabo*, coll. Albums Amitié, Rageot.

5 D'après G. Laramée, *Laurette ou les malheurs d'un pâtissier*, coll. Bibliothèque de Ratus, Hatier.

6 G. Zucconi, *Scaramacca*, Hatier.

7 D'après un extrait de *Découvrir les animaux*, n° 21, Larousse.

8 Giorda, *Chasseurs de chiens*, coll. Bibliothèque de Ratus, Hatier.

9 D'après Giorda, *Karim et l'oiseau blanc*, coll. Bibliothèque de Ratus, Hatier.

10 D'après les *Contes du père voilà pourquoi*, Les livres du soleil, CEDA-Hatier.

Table des matières

Achevé d'imprimer en mars 1999 dans les ateliers de Normandie Roto Impression s.a.
61250 Lonrai N° d'impression : 990539 Dépôt légal : 17306 – mars 1999

RATUS POCHE

Les romans qu'on dévore

Ratus Poche est une collection de romans, née du succès de la méthode d'apprentissage de la lecture Ratus.

Une collection de **littérature jeunesse** qui propose des histoires variées, des séries d'humour, d'aventure et d'émotion, pour les enfants de **6 à 12 ans**.

Plus de 80 titres accompagnés chacun d'un lexique de mots expliqués et de questions illustrées pour bien lire, pour bien rire et pour bien comprendre.

Des premiers mois de l'apprentissage à l'entrée au collège, une collection qui satisfait tous les lecteurs.

6-7 ans
Lecteurs débutants

7-8 ans
Bons lecteurs

9-12 ans
Grands lecteurs